용기를 낸다는 것

용기를 낸다는 것

2021년 6월 25일 초판 3쇄 펴냄

지은이 · 서영선
그린이 · 송향란
펴낸이 · 길도형
디자인 · 우디
인쇄 · 영프린팅
제책 · 쌍용제책사
펴낸곳 · 장수하늘소
출판등록 · 제406-2007-000061호
주소 · 경기도 고양시 일산서구 덕산로 250
전화 · 031-923-8668
팩스 · 031-923-8669
E-mail · jhanulso@hanmail.net

ISBN 978-89-94627-05-2 74330 / ISBN 978-89-962802-7-9 74330(세트)

책값은 뒤표지에 있습니다.

초등학생이 꼭 만나야 할 민주사회 이야기

용기를 낸다는 것

전학생의 비밀

글 · 서영선 | 그림 · 송향란

장수하늘소

머리말

용기를 가진 사람은 자유로워요

옛날에 두 친구가 산길을 가다가 그만 깊은 구덩이에 빠졌어요. 그 구덩이는 사람 키를 훌쩍 넘는 아찔한 깊이였지요.

구덩이에는 먹을 것도 마실 물도 없었어요. 두 사내는 빠져나갈 궁리를 했어요. 그런데 설상가상으로 구덩이 위에서는 무시무시한 호랑이가 자리를 지키고 있었어요.

구덩이에 머무르면 굶어죽고, 구덩이에서 나가면 호랑이에게 잡아먹힐 판인 거예요. 그럴 때는 어떻게 해야 할까요? 한 사내는 어떻게 해서라도 구덩이에서 빠져나가자고 하고, 한 사내는 차라리 구덩이에서 빗물을 받아먹으며 다른 사람이 구하러 올 때까지 버티겠다고 했어요.

과연 어떻게 되었을까요? 천신만고 끝에 구덩이를 빠져나온 사내는 호랑이가 다른 먹이를 찾으러 간 틈을 타 살아났어요. 그러나 구덩이에서 버티고 있던 사내는 친구가 사람들을 데리고 구하러 오는 동안에 굶주려 죽었지요. 결국 두려움을 이겨내고 용기를 낸 사내만 살아남은 거예요.

우리는 살아가면서 언젠가는 용기가 내야 할 때를 만나요.

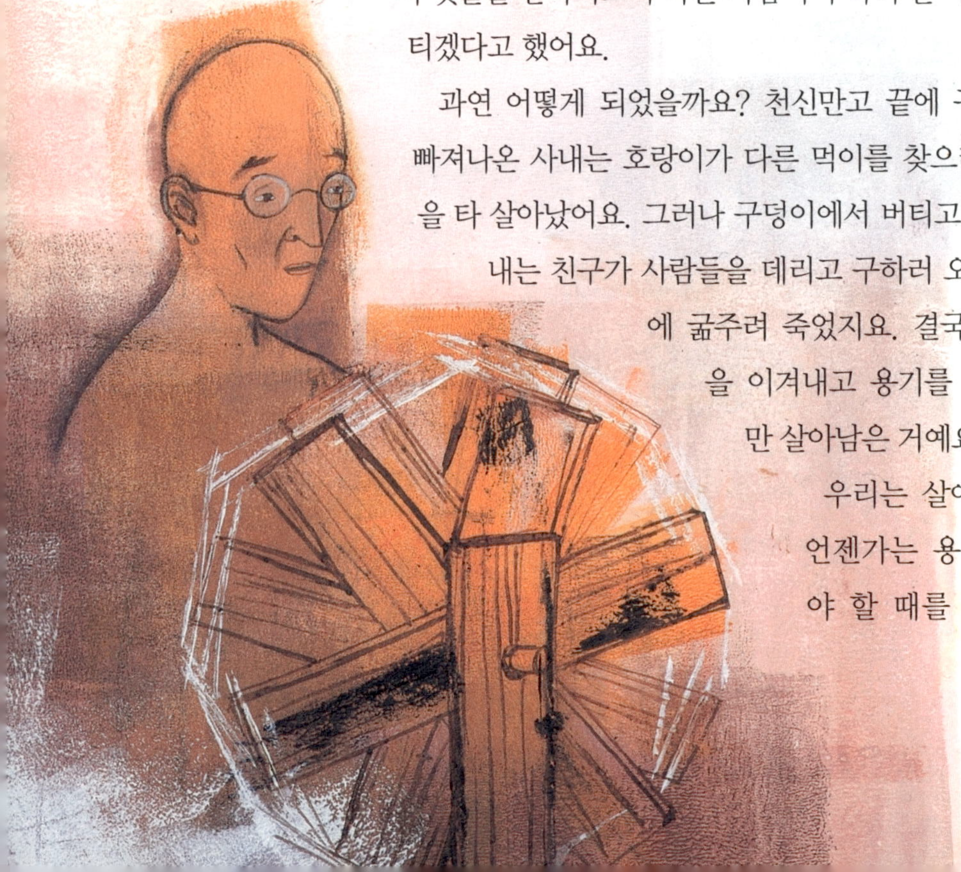

우리 삶에는 힘든 순간이 있기 마련이어서 늪에 빠진 것처럼 헤어나기 어렵고 절망적일 때도 있어요. 그럴 때 필요한 게 바로 용기입니다.

'용기는 두려움이 없는 것이 아니라 두려움을 참는 것' 이라는 말이 있어요. 두려움을 이겨내고 앞으로 나아간다면 못 해낼 것이 없어요. 사실 용기와 비겁함은 동전의 양면과 같거든요.

세상은 용기 있는 사람의 것이다, 용기를 가진 사람은 자유롭다는 말 들어 본 적 있나요? 용기 있는 사람들이 세상을 이끌고, 세상을 변화시켜 왔어요. 용기 있는 사람은 어떤 억압과 굴레에도 매이지 않고 자유를 위해 나아가지요.

거짓말 하는 사람을 질책하는 용기, 잘못한 사람을 꾸짖는 용기, 올바르지 못한 일을 바로잡으려는 용기, 사람들의 편견에 맞서는 용기 등등.

역사는 용기를 가지고 자유를 향해 나아간 사람들 덕분에 발전해 왔어요. 인간에게 용기가 없었다면, 인류는 지금도 수십만 년 전의 조상들처럼 맹수들이 두려워 숲속에서 벌벌 떨고 있을 거예요. 문명사회에서도 노예와 머슴의 신세를 면하지 못하고 있을 거예요.

지금도 우리는 용기를 내야 할 순간에, 겁먹고 주춤거리며 물러서고 있지는 않은가요? 참된 용기를 가진 어린이, 그른 일 앞에 겁먹지 않는 어른들이 사는 세상은 지금보다 훨씬 더 가치 있고 살 만한 세상일 거예요.

2011년 1월

충청도의 작은 시골마을에서

서영선

차례

1. 내 힘으로 바로잡을 수 있어요

반장은 내 손으로 직접 뽑겠어요

오늘은 반장 선거를 하는 날.

아이들은 누구를 반장으로 뽑을까 저마다 의견을 내세웁니다. 그 바람에 교실이 온통 시끌시끌합니다.

"현석이 뽑자. 지난 주 축구 시합 때, 현석이가 응원하는 것 봤지? 현석이 응원 덕분에 우리가 이긴 거나 마찬가지잖아."

축구를 좋아하는 우석이가 현석이를 적극 추천했어요.

"그러니까 현석이는 오락부장이 딱 알맞지. 반장은 수원이가 해야 해. 그래야 우리 반이 똘똘 뭉칠 수 있다고. 저번에 산에 갔을 때 봤지? 정말 늠름했잖아."

현주는 지난 주말에 친구들이랑 동네 뒷산에 올라갔다가 넘어져 다리를 다쳤어요. 그때 현석이가 현주를 업고 산에서 내려왔거든요. 자기 힘든 것도 참아 가면서 다친 친구를 위해 희생하는 수원이가 참으로 멋있어 보였지요.

"난 대한이 뽑을래. 우리 모두와 두루두루 친하잖아. 친구들 모두에게 관심을 갖고 무슨 일이든 자기 일처럼 생각하고 도와주잖아."

영미의 말에 아이들 모두 머리를 끄덕였어요. 대한이는 의젓한데다가 친구들이 도움을 구하면 군말없이 나서 도와주지요. 반에 궂은 일이 생길 때마다 앞장서는 좋은 친구이기도 하고요. 아이들은 누구를 반장으로 뽑을 것인가에 대해 얘기하느라 선생님이 들어오신 것도 모를 지경이었어요.

"오늘 반장 선거하기로 했죠? 선생님이 칠판에 반장 후보들을 적을 거예요. 여러분은 나누어 준 쪽지에다 칠판에 적은 후보 가운데 한 사람을 골라 이름을 적고, 반으로 접어서 앞으로 내면 돼요."

선생님은 칠판에 김인문, 송아리, 정선영, 이후택의 이름을 썼어요. 아이들이 반장으로 뽑고 싶은 친구들은 하나도 없었지요. 아이들은 서로 옆구리를 찌르며 눈짓을 했어요.

"뭐야? 우리가 말했던 애들은 하나도 없잖아."

모두 한 마디씩 하는 바람에 교실이 소란스러워졌지요.

"조용, 조용! 도대체 무슨 일이지?"

선생님이 큰 소리로 물으셨어요. 그러나 서로 눈치만 볼 뿐,

누구 하나 선뜻 나서지 않았어요. 그때 영미가 나섰어요.

"선생님. 이번 반장 선거부터는 후보부터 저희가 추천해서 뽑는 줄 알았어요. 1학기 때는 서로를 잘 몰랐기 때문에 선생님이 반장을 뽑을 수도 있다고 생각했어요. 그렇지만 지금은 우리 스스로 반장을 뽑을 수 있다고 생각합니다."

그 말에 아이들이 입을 모은 듯이 한꺼번에 "맞아요!" 하고 외쳤어요.

개구쟁이 승민이는 "옳소!" 하면서 책상을 두들겼지요.

그러자 선생님이 조금 당황한 얼굴로 말씀하셨어요.

"아, 그렇구나. 1학기 때는 영미 말대로 너희들끼리 잘 몰라서 선생님이 추천한 후보들 가운데 반장을 뽑게 했었지? 선생님이 잘못 생각한 것 같구나. 잘 모르더라도 우리 반을 대표할 반장은 여러분 스스로 추천해서 뽑도록 해야 하는데 말이야."

그러시더니 다시 방긋 웃으면서 계속 말씀하셨어요.

"자, 선생님은 빠지는 게 마땅할 것 같구나. 1학기 때 반장이 나와서 2학기 반장 선거를 진행하는 게 어떨까? 부반장도 돕도록 하고."

그리고는 선생님은 일부러 한옆으로 물러나 계셨지요. 1학기 때 반장과 부반장이 앞으로 나와서 반장 선거를 진행하기 시작했어요.

"자, 2학기 반장 선거를 실시하겠습니다. 반장 후보를 추천할 친구들은 손을 들고 자기가 원하는 반장 후보를 추천해 주기 바랍니다."

반장의 말에 많은 아이들이 손을 들었어요. 각자 한 사람씩 후보 이름을 대고 그 이유를 말했어요. 자기가 반장이 되고 싶다고 말한 윤경석을 포함해 반장 후보는 여덟 명이나 되었지요. 그러자 아이들 사이에서 후보가 너무 많다는 의견이 나오고, 반장이 되고 싶지 않은 아이는 스스로 물러나서 후보는 다섯 명으로 줄었어요.

"이제 차례대로 반장 후보가 나와서 반장이 된다면 어떻게 반을 이끌어 나갈지 발표해 주기 바랍니다. 가장 먼저, 최대한!"

아이들은 후보들이 나와 자신의 의견을 발표하는 동안 내내 손뼉을 치며 열띤 호응을 보냈습니다. 선생님은 반장 선거의 모든 과정을 웃음 띤 얼굴로 지켜보았습니다.

마침내 마지막 두 명을 두고 벌인 투표를 통해서 반장이 뽑히는 순간, 아이들은 모두 자리에서 일어나 환호를 보냈습니다. 새 반장한테 투표하지 않은 친구들도 마찬가지로 손뼉을 치며 축하해 주었지요.

최대한 윤경석
김현석 이수원
정직·성실

내 힘으로 바꿔요

정말 대견한 친구들이지요? 아이들은 선생님께 자신들의 생각을 차근차근 얘기해 선생님의 동의를 얻어 냈어요. 아마 이 친구들은 내 손으로 반장을 뽑았다는 뿌듯함을 느꼈겠지요? 또 자신들이 뽑은 만큼 반장을 도와야겠다는 책임감도 생겼을 거예요. 민주주의는 누군가가 우리 손에 거저 쥐어 주는 것이 아니에요. 선생님께 당당하게 자신의 생각을 밝히는 용기 있는 친구들이 없었다면 지금쯤 아마 상황은 아주 달랐겠지요? 우리의 대표를 우리 손으로 뽑는 일, 바로 민주주의의 작은 시작이에요.

반장, 회장, 국회의원, 대통령 선거

학교에서는 반의 대표인 반장, 학교의 대표인 회장을 우리 손으로 뽑아요. 그러면 시민과 나라를 대표하는 국회의원과 대통령은 누가 뽑을까요? 바로 우리 손으로 뽑는답니다. 만 19세가 되면 여러분에게도 나라의 대표를 뽑을 수 있는 선거권이 주어지지요. 반장을 잘 뽑아야 반의 일이 잘 돌아가듯이, 나라의 대표를 잘 뽑아야 나라살림이 제대로 운영됩니다.

국회의원이나 대통령 후보가 되기 위해서는 몇 가지 조건이 있답

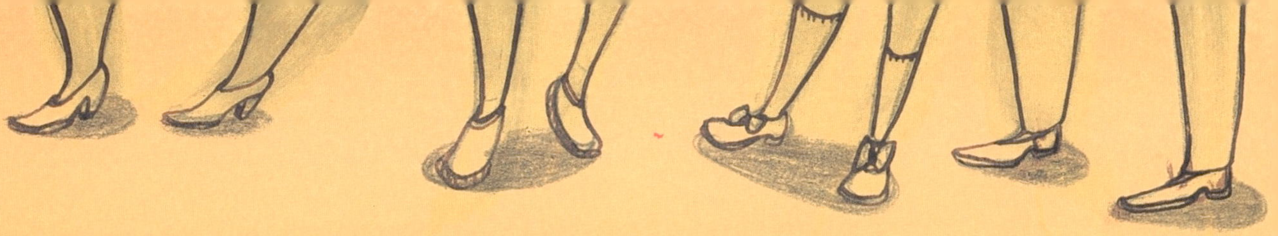

니다. 국회의원은 25살 이상, 대통령은 40살 이상이어야 하고, 법을 어기지 않은 사람이어야 해요. 또 반장 후보가 아이들에게 약속을 하듯이, 국회의원이나 대통령 선거에서도 뽑힌 뒤에 할 일을 국민들에게 약속하는 것을 선거 공약이라고 하지요.

매니페스토 운동

만약 반장 선거에 나와 '우리 반 아이들 모두에게 컴퓨터를 한 대씩 주겠습니다.' 라든지, '학교 급식 메뉴를 자장면, 햄버거, 피자로만 짜도록 하겠습니다.' 라고 약속하는 친구가 있다면, 여러분은 어떤 마음이 들까요?

아마도 거짓말이라는 생각을 더 많이 할 거예요. 반장이 되기 위해 있는 말 없는 말 다 지어 낸다고 생각할 거예요. 어른들의 선거도 마찬가지랍니다. 당장 눈앞의 선거에서 뽑히기 위해 지키지도 못할 약속을 하면 안 되겠지요? 그래서 요즘 시민 단체들은 선거에 나온 후보자들이 지킬 수 있는 약속(공약)을 하는지 자세히 알아보고 뽑자는 뜻에서 '매니페스토 운동' 을 펴고 있어요. 그 약속을 지키기 위해 들어갈 돈은 충분한지, 계획은 충분히 세웠는지 알아보고 뽑힌 뒤에도 그 약속을 잘 지키는지 알아보자는 것이지요.

2. 벽을 허물고 세상을 바라봐요

가족 조사는 싫어요

세영이는 새 학년 새 학기가 너무너무 싫습니다. 바로 학년이 올라갈 때마다 되풀이되는 가족 조사 때문이에요. 오늘도 선생님은 가족 조사지를 나누어 주었습니다. 가족 조사지를 받은 세영이는 남이 볼 새라 재빨리 작성해서 선생님께 드렸습니다.

"한세영, 엄마 이름을 잘못 쓴 것 같다. 엄마 성함이 '한, 채 자, 린 자' 맞니?"

선생님은 돌아서는 세영이의 등에 대고 물었습니다. 세영이의 얼굴이 새빨개졌지요. 아무 말도 못하고 서 있는데, 아이들이 수군대는 소리가 들렸고요.

"뭐야, 재는 왜 엄마랑 성이 같아?"

선생님은 실수를 깨닫고 서둘러 세영이를 불렀지만, 세영이는 이미 교실 문을 박차고 나간 뒤였어요.

세영이는 엄마하고만 삽니다. 몇 해 전에 엄마와 아빠가 이혼을 했거든요. 세영이는 엄마가 맡아서 키우기로 하고요. 그리고 얼마 뒤, 엄마는 아빠의 성인 '김' 씨를 쓰고 있던 세영이에게 엄마의 성씨인 '한' 씨를 쓰게 했답니다. 물론 세영이의 동의를 구해서 말이에요.

요즘에는 이렇게 엄마하고만 사는 이혼 가정에서 아이에게 엄마의 성을 쓰게 하는 일이 많아지고 있습니다. 물론 그렇게 하기까지는 자녀의 선택 결정권이 무엇보다 중요하지요.

그렇지만 이런 제도가 시행된 지 얼마 되지 않은 탓에, 아직은 아이들뿐 아니라 어른들도 이해가 많이 모자라다고 하지요.

'내일 학교에 가면 애들이 뭐라고 할까?'

세영이는 그 생각에 잠을 이루지 못했어요. 학교에 가고 싶지 않았지요. 학교에 가서 창피를 당하느니 차라리 아파서 못 가기를 빌었습니다.

그러나 어김없이 또 새날이 밝았어요. 세영이는 너무 건강한 자신이 원망스러웠어요. 엄마는 부스스 일어나는 딸의 얼굴을 살폈어요. 엄마가 여러 가지를 물었지만, 아무 대답도 하지 않았어요. 엄마가 밉고 싫었기 때문입니다.

세영이는 학교 앞까지 차로 데려다 주는 엄마에게 인사도 하지 않고 달음박질쳐 교실로 들어갔습니다. 세영이가 들어서자

갑자기 아이들이 하던 이야기를 멈추었어요. 무슨 이야기가 오고갔는지 훤히 알 수 있었지요.

"우리 엄마가 너랑 놀지 말래."

짝꿍인 은선이가 자리를 피하며 말했습니다. 세영이는 눈물이 핑 돌았어요. 그러나 예전에도 당해 본 적이 있었지요. 은선이 대신 현아가 옆자리로 왔습니다.

"너도 내가 싫으면 다른 데로 가."

세영이가 소리를 질렀지만, 현아는 들은 체도 하지 않았어요. 오히려 대신 준비물을 챙겨주는 거예요. 그렇지만 마음이 상한 세영이는 현아의 친절이 고까웠어요. 거짓 마음이라거나 잘난 체하려는 것 같다고 여겼기 때문이에요.

"세영아, 물감 가져 가야지."

현아는 세영이가 빠뜨린 준비물을 챙겨 들고 따라 나왔어요. 세영이는 홱 돌아서면서 고깝다는 듯이 소리쳤습니다.

"야, 너 왜 갑자기 친한 척이야? 내가 불쌍해 보

여?"

"네가 뭐가 불쌍해? 하긴 그러는 거 보니 넌 원래 못된 앤가 보다."

그 말에 세영이가 발끈했어요.

"뭐라고? 지금 나한테 뭐라고 했어? 다시 말해 봐."

세영이는 기가 차서 씩씩댔지요. 자기를 무시하는 거라고 생각했거든요. 그러나 현아는 그 말에 아무 대꾸도 없이 창밖만 바라보았어요. 그러더니 고개를 돌려 물끄러미 세영이를 바라보았어요.

"나도 지금은 아빠하고만 살아. 엄마 아빠가 이혼하셨거든. 너만 그런 건 아니라고. 난 그렇다고 해서 너처럼 화내지도 않고 소리치지도 않아. 그럴 필요가 없는 일이잖아. 자랑도 아니지만, 기죽을 일도 아니라고 생각해. 우리 아빤 늘 내게 그렇게 말씀하시는걸."

세영이는 문득 부끄러워졌어요. 자기나 현아나 마찬가지 처지였거든요. 그렇지만 자기와는 달리 현아는 아주 당당하고 어른스러웠어요. 공연히 엄마에게 심술부린 일도 미안했어요.

게다가 반 친구들이 이상하게 여기고 낯설게 군 행동들에 대해서도 어느 정도는 이해가 됐지요. 엄마 성을 쓴다는 것에 대한 이해가 친구들한테는 아직 많이 모자랄 테니까요.

그러나 한 가지 여전히 받아들일 수 없는 게 있습니다. 도대체 가족 조사를 왜 하는 것인지, 가족 조사를 해서 어디에 쓰려는 것인지 알 수가 없습니다. 세영이는 자기가 비록 엄마와 단둘이 살지만, 다른 가족들과 아무 다를 것 없는 희망과 행복이 살아 있는 똑같은 가족이라는 것을 아이들에게 떳떳하게 말할 거라고 다짐했습니다.

가족법이 바뀌었어요

몇 년 전까지만 해도 우리나라에는 호주제가 있었어요. 아이들은 아버지의 성만 따를 수 있고, 아들이 아버지를 이어 호주가 되는 것이지요. 호주는 집안을 대표하는 사람을 말해요. 그 때문에 남아를 낳기 위해 애쓰다 보니 여아를 얕잡아보는 풍조가 계속된 거예요. 이는 남녀 평등에 어긋나는 것이라며 반대하는 사람들이 많았지요. 특히 여성 단체들은 2000년부터 호주제를 없애려고 똘똘 뭉쳐 결국 2005년 호주제가 폐지되었어요. 호주제가 없어지면서 달라진 점이 많아요. 호적이 사라지고 한 사람이 하나의 개인 기록부를 갖게 되었고, 자녀는 어머니의 성을 따를 수도 있어요. 또 재혼한 가정의 경우 새아버지의 성을 따를 수도 있게 되었어요.

부모 성을 같이 쓰는 건 어떨까요?

이박정선, 오한조희, 김구미자……. 이렇게 쓴 이름을 본 적이 있나요? 우리나라는 보통 아버지의 성을 물려받지만, 부모의 성을 모두 물려받자는 뜻에서 아빠 성과 엄마 성을 따서 쓴 이름이에요.

우리나라는 아이들이 아빠의 성을 대부분 그대로 따르지요. 그러

나 그 때문에 피해를 입는 친구들도 많아요. 세영이도 그런 경우이지요. 호주제가 없어지고 가족법이 달라져도 아직 많은 사람들은 아빠 성을 따르니까요. 그 같은 이유로 '부모 성 같이 쓰기' 를 하자는 사람들이 있어요. 그럼 여러분의 성은 어떻게 바뀔까요?

새로운 물결, 대안 가족

우리 할아버지들이 어릴 적에는 할아버지, 할머니, 엄마, 아빠, 삼촌, 조카 등 피를 나눈 사람들이 함께 사는 대가족이 대부분이었지요. 지금은 아빠, 엄마, 아들, 딸만 함께 사는 가족들이 아주 많아요. 일하는 모습이 바뀌고 사는 모양이 달라지면서 가족을 이루는 사람들도 많이 바뀌었어요. 세영이네처럼 엄마와 딸 또는 아빠와 아들만 사는 집도 많이 늘었어요.

또 꼭 피를 나눈 가족이 아니라도 함께 의지하는 사람들이 모여 사는 집도 있어요. 이런 모습도 가족으로 생각해 주자는 뜻에서 '대안가족' 이라는 말이 생겼답니다. 꼭 피를 나눈 사람들이 모여야만 '가족' 이 되는 걸까요?

3. 나의 몸을 소중히 간직해요

옆집 아저씨의 진실

"엄마, 옆집에 누가 이사 왔나 봐."

아직도 옆집 현관 앞에는 채 들어가지 못한 짐들이 차례를 기다리고 있었어요.

"으응, 아직 애가 없는 부부라고 하더라."

엄마는 뒤늦게 아침 신문을 보며 건성으로 대답했어요.

"그래? 엄마는 그걸 어떻게 알았어?"

"아까 떡을 가져 왔기에 물어 봤지. 젊은 사람들인데도 예의가 바르더라. 온 동네에 떡을 돌린 모양이야."

전엔 옆집에 친구 경호가 살았지요. 아주 꼬마 때부터 이웃에 살다 보니 내 집 네 집 할 것 없이 드나들던 정말 친한 친구였어요. 그런데 그 집에 애 없는 부부가 왔다니, 좀 실망스러웠지요. 새로운 친구를 사귀고 싶었거든요.

영서는 옆집 아주머니 얼굴은 제대로 못 봤지만, 아저씨는 등

꼿길에 몇 번이나 만났어요. 아저씨는 그때마다 손을 흔들며 반가워했지요. 옆집 아저씨라서인지, 아저씨가 친절해서인지 영서는 친근감을 느꼈어요.

"네가 옆집에 사는 영서지? 아주 귀엽게 생겼구나. 아이스크림 샀는데, 좀 먹어 볼래?"

골목 어귀 가겟집을 나오던 아저씨가 곁을 지나던 영서를 불렀어요. 영서가 망설이자 아저씨는 빙그레 웃으면서 이렇게 말했지요.

"낯선 사람이 주는 건 넙죽 받아먹으면 안 돼. 하지만 난 이웃이잖니? 내 거 사다가 네 모습이 보이기에 하나 더 고른 거란다. 왜? 맘에 안 드니?"

그렇게까지 말하는 데야 어쩌겠어요? "고맙습니다." 하고 받았지요. 껍질을 벗겨 한 입 넣자 입안에서 사르르 녹았어요.

어느 날이에요. 학원에서 돌아온 영서는 초인종을 누르려고 발돋움을 했지요. 그때 아저씨가 다가왔어요.

"나 좀 잠깐 볼까?"

"무슨 일인데요?"

아저씨는 쇼핑백에서 분홍 리본을 매단 곰인형을 꺼냈어요.

"어린이날이라 조카에게 선물하려고 샀다가 못 부쳤단다. 미국에 사는데, 이사를 가 버린 모양이야. 내가 갖고 있기도 그렇고. 그래서 말인데, 영서가 가지면 안 될까?"

영서는 곰 인형을 바라보았어요. 귀여운 까만 눈이 자기를 데려가 달라고 조르는 것 같았지요. 그러나 그 인형을 가져 갔다간 엄마에게 혼날 것 같아서 가슴이 두근거렸어요. 낯선 사람을 만나면 말도 하지 말고, 낯선 사람이 주는 것은 먹지도 받지도 말라고 하신 말씀이 떠올랐거든요.

'하지만 이 아저씨는 옆집 아저씨인 걸?' 하고 영서는 생각했어요. 결국 영서는 곰 인형을 안고 집으로 돌아왔어요.

그런데 야단나고 말았지 뭐예요. 엄마가 대뜸 돌려주라고 호통을 치더니 일장연설을 늘어놓았어요. 영서는 그만 서운해서 눈물까지 찔끔 났어요.

그 날도 영서는 집으로 돌아가고 있었어요.

'어? 민지가 왜 저 집으로 들어가지?'

동네 친구인 민지가 옆집 아저씨와 함께 그 집으로 들어가고 있었어요. 영서는 왠지 모르게 가슴이 두근거리고, 눈에 띌까 봐 얼른 숨었지요.

그 날 밤, 영서는 우연히 엄마와 아빠가 하는 얘기를 듣게 됐어요.

"민지가 몹쓸 짓을 당했다는데……. 그 당사자가 바로 옆집 이씨래요. 영서가 이씨를 유난히 따르던데 무슨 일이나 안 당한 건지. 참, 세상에 믿을 사람이 없어요. 여기로 이사 온 것도 전에 있던 동네에서 똑같은 짓을 해서라니……."

"그러니까 당신도 영서 단속 잘해. 넙죽넙죽 동네 아저씨 따

라 그 집에 들어가지 않게! 이거야 원, 불안해서 어디 살겠나?"

아빠는 버럭 소리를 질렀어요. 영서는 그만 눈앞이 깜깜해졌어요. 엄마가 어떻게 알았는지 방에 와서 영서를 안아 주었어요.

"민지가 나쁜 일을 당했다고 해도 그건 민지 탓이 아니란다. 잘못한 건 아저씨야. 우리 영서가 아저씨를 따랐다고 해도 엄마는 뭐라고 안 할게. 다만 세상에는 좋은 사람도 많지만, 나쁜 사람들도 있으니까 조심해야 한단다. 알겠지?"

내 몸을 함부로 만지지 말아요

내 몸은 나의 것이지요. 또 아주 소중한 것이고요. 내 몸을 강제로 만지려는 사람이 있다면 겁먹지 말고 "안 돼요!"라고 분명하게 말해야 해요.

내가 원하지 않는데 내 몸을 만지는 게 바로 '성폭력'이에요. 또 몸에 관련된 불쾌한 농담을 하는 것도 성폭력이지요. 이것을 특별히 성희롱이라고 불러요.

만일 그런 짓을 하는 어른을 알고 있거나 그런 일을 당할 걱정이 된다면 얼른 1366을 눌러 전화를 거세요. '여성 폭력 긴급 전화'이거든요.

내 잘못이 아니야

민지처럼 아무것도 모른 채 성폭력을 당하는 일이 아주 많아요. 실제로 성폭력을 저지르는 사람들은 대부분 자기가 알던 사람들이라고 해요. 그래서 옆집 아저씨나 동네 오빠라도 단둘이 있는 것은 위험해요.

그런가 하면 성폭력 당한 피해자를 손가락질하거나 욕하는 사람

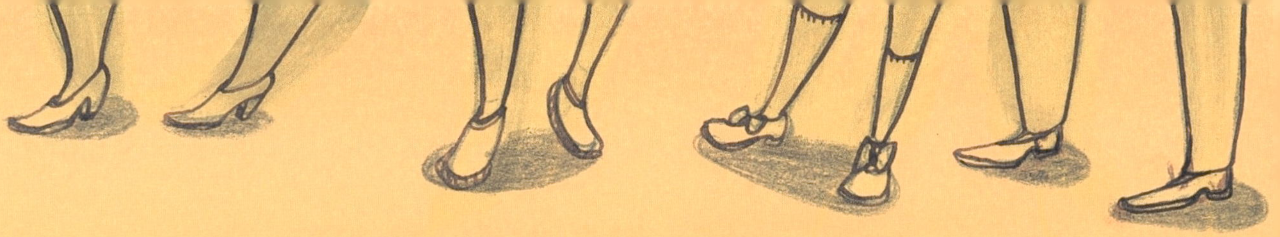

들도 있어요. 그러나 성폭력을 당한 것은 절대 자기 잘못이 아니에요. 누군가에게 얻어맞았다고 해서 그 사람이 잘못을 저질러서 그런 것은 아닌 것처럼 말이에요. 그러니 자신을 탓하며 괴로워할 필요가 절대 없어요. 또 친구나 이웃은 성폭력당한 사람을 위로하고 따뜻하게 감싸주어야 한답니다.

불명예스러운 세계 2위, 한국

뭐가 세계 2위냐고요? 우리나라 성폭력 발생 건수가 세계 2위라네요. 정말 부끄러운 일이지요. 자랑스러운 일로 세계 1위를 해도 모자랄 판에 이런 불명예로 2위에 넙죽 올랐다니요. 놀랍게도 세계 1위는 미국이에요. 그러나 우리나라는 성폭력을 당해도 신고를 잘 안 한다고 하니, 그 같은 점을 따져 보면 세계 1위나 마찬가지라고 해요. 정말 충격적인 일이지요? 어떻게 하면 성폭력이 줄어들까요? 우리나라에서 이처럼 성폭력이 많이 벌어지는 이유는 무엇일까요?

4. 내 꿈을 당당히 말해요

발레리노와 축구 선수

"어머, 어머, 쟤 또 왔어!"

영은이 말에 아이들 시선이 모두 창가로 향했습니다. 까치발을 하고 창 안쪽을 들여다보고 있는 한 남자 아이의 얼굴이 눈에 들어왔습니다. 누군지는 몰라도 하루도 거르지 않고 이 시간이면 늘 창가에 붙어서 안을 들여다보고 있었지요.

아이의 까만 눈망울은 유난히 반짝거렸습니다. 아이들의 집중력이 흐트러진 것을 눈치 챈 선생님이 강습을 중단하고 남자 아이에게 다가갔습니다.

"발레를 배우고 싶은 모양이구나?"

그 말에 남자 아이는 대답 대신 고개를 끄덕였습니다.

"이리 들어와 볼래?"

선생님의 말에 남자 아이는 얼굴이 빨개졌습니다. 그러면서도 무언가에 이끌리듯 쭈뼛쭈뼛 학원 안으로 들어왔지요. 선생님은 아이에게 발레의 기본 동작을 보여 주며 따라해 보라고 시켰어요.

그러자 조금 전까지 수줍어하며 쭈뼛거리던 아이는 어디로 간 건지 모를 정도였어요. 아이는 서툴지만 열성을 가지고 선생님이 시킨 동작들을 따라했지요. 어찌나 열심히 하는지 키득거리던 아이들도 웃음을 멈추고 홀린 듯이 남자 아이의 동작을 쳐다볼 정도였습니다.

아이는 어느 새 자기만의 세계로 날아가 버렸습니다. 뛰어오르는가 싶으면, 새가 날갯짓을 하듯 힘껏 날아오르곤 했지요. 남자 아이의 열정적인 무대가 끝나자 아이들이 모두 박수를 보냈습니다. 그때서야 자기가 무슨 일을 했는지 깨달았다는 듯 아이는 황망하게 도망쳐 버렸습니다. 그 뒷모습을 다은이가 뚫어지게 쳐다보고 있었지요.

다음날도, 그 다음날도 남자 아이의 모습은 보이지 않았습니다. 어느 틈엔가 학원의 아이들은 남자 아이를 기다리게 된 거예요.

그러던 어느 날입니다. 다은이는 옷을 늦게 갈아입는 바람에 맨 꼴찌로 학원 문을 나서게 되었습니다. 바로 그때 남자 아이의 뒷모습이 보였어요. 또 달아날 기세였습니다.

"얘, 기다려."

다은이의 말에 남자 아이가 발 걸음을 멈췄어요.

"너, 오늘도 발레 하는 거 훔쳐보고 있었구나? 그렇게 발레가 배우고 싶어?"

아이는 그 말에 겸연쩍은 듯 머리만 긁적였어요.

"그런데 왜 발레 배우러 안 와? 엄마한테 배우겠다고 조르면 되잖아?"

"우리 엄마 아빠는 내가 발레 배우는 걸 싫어하셔. 남자는 모름지기 씩씩해야 한다고 생각하거든. 축구나 태권도를 배워야 한다고 하지만, 난 그런 게 싫은 걸. 난 발레리노가 되는 게 꿈이야."

그러면서 영훈이는 신이 나서 바리쉬니코프, 리춘신, 이렉 무하메도프 등 세계적인 발레리노들의 이야기를 다은이에게

해 주었습니다. 영훈이는 발레리노들이 어떻게 처음 발레를 시작했는지, 처음에는 집안에서 반대했지만 결국엔 아무도 그 꿈을 꺾지 못했다는 것도 말했습니다. 또 뒤늦게 발레를 시작해서도 큰 재능을 떨친 발레리노들도 있다고 했습니다. 그런 이야기를 할 때 영훈이 눈은 꿈을 꾸는 것처럼 그윽하게 반짝거렸습니다.

"네 얘길 들으니 나도 정말 안타까워. 실은 나도 너랑 비슷한 처지야. 난 축구를 하고 싶은데, 우리 엄마는 발레를 시키시잖아. 난 발레도 좋지만, 축구가 더 하고 싶어. 우리 아빠는 고등학교 축구부 감독이야. 난 어릴 때 토슈즈보다 축구공을 더 먼저 갖고 놀았거든. 사실 남자애들보다 내가 더 축구를 잘해."

다은이 말에 영훈이 눈이 휘둥그레졌습니다.

"이야, 굉장한데? 난 사실 축구는 잘 못 해. 다은이 네가 여자 축구 선수로 뛴다? 그거 정말 멋질 것 같은데? 너도 엄마에게 졸라서 축구를 배우겠다고 해 봐."

"지금은 어쩔 수 없지만, 좀더 크면 당당하게 내 꿈을 말할 거야. 너도 포기하지 말고 네 꿈을 지켜야 해. 알았지? 약속!"

두 친구는 새끼손가락을 걸어 자신들의 꿈을 지킬 것을 굳게 약속했습니다. 좀더 크면 당당하게 어른들에게 자신들의 꿈을 말하고, 꿈을 이루기 위해 나아가기로요.

발레리노가 되고 싶어요

축구나 태권도를 잘하기 바라는 영훈이 부모님과는 달리, 영훈이는 발레리노가 되고 싶은 친구예요. 남자는 모름지기 씩씩하고 튼튼해야 한다는 생각, 여자는 아름답고 우아해야 한다는 생각이 부모님 마음속엔 그득한가 봐요. 그렇게 얘기하는 어른들이 아직도 많지요? '사내가 부엌에 들어가면 고추가 떨어진다.' 고요. 하지만 주위를 둘러보세요. 세상은 이미 많이 변했어요. 여군, 여자 대통령, 남자 요리사, 남자 가정부, 남자 주부도 얼마든지 있어요. '남자는 남자답고, 여자는 여자다워야 한다.' 는 생각은 이제 케케묵은 얘기지요. 사람들의 그릇된 생각이 영훈이의 꿈을 짓밟고 있는 건 아닐까요?

그릇된 생각에 맞서는 것은 우리 몫

세상은 맞서는 사람들의 몫이에요. 라이트 형제는 '사람은 하늘을 날 수 없다.' 는 생각을 용감하게 깼지요. 그 동안 '여자라서, 또는 남자라서' 안 된다는 여러 생각들이 흐릿해지고 있어요. 이미 여러 나라에서 여자 대통령이 나왔고, 최근에는 브라질에서 여자가 대통령에 당선됐어요. 버락 오바마는 흑인으로는 처음으로 미국 대통령이

됐지요. 예전 같으면 상상도 할 수 없는 일이에요. 그러나 용기 있는 많은 사람들은 도전을 거듭해 왔어요. 그 결과 사람들 마음속에 있는 '편견'의 벽도 서서히 허물어지고 있지요. 우리는 마음만 먹으면 못 해낼 게 없어요. 내 마음의 벽을 먼저 허물어요. 그리고 세상과 당당하게 맞서는 거예요. 그러면 희망이 보일 거예요.

엄마는 돈 벌고, 아빠는 살림하고

엄마 아빠가 어릴 때만 해도 남자는 밖에 나가서 돈 벌고, 여자는 집에서 살림하는 것이 당연했어요. 그래서 '바깥사람', '안사람'이라고 불렀지요. 그러나 이제는 남자 일과 여자 일이 다르지 않아요. 엄마 아빠 모두 돈 벌고, 같이 집안일하는 집도 아주 많지요. 또는 엄마가 돈 벌고, 아빠가 살림하는 집도 생겼답니다. 여러분은 커서 어떤 일을 하고 싶은가요? 어떤 가정 생활을 하고 싶나요? 아마도 그때에는 남자 일, 여자 일이라는 말이 아예 사라질지도 모르겠어요. 남자라서, 여자라서 해야 한다거나 못 하겠다는 핑계는 이제 통하지 않는답니다.

5. 생명은 소중해요

5개월 태아의 일기

나는 아직 이름이 없어요. 때때로 '아가' 라고 불릴 뿐이에요. 그렇지만 그런 이름은 너무 흔해요. 또 나만 그렇게 불리는 게 아니잖아요? 빨리 나만의 이름을 갖고 싶어요. 그런데 엄마 아빠는 아직도 내 이름을 지어 주지 않네요. 혹시 우리 엄마 아빠가 게으름뱅이 아닐까요?

"도대체 어떡하란 말이야?"

오, 이런!

이건 엄마의 목소리예요. 귀를 막아도 소리가 쩌렁쩌렁 울리네요.

'엄마, 너무 시끄러워요.'

나는 신호를 보내려고 발로 엄마의 배를 찼어요.

"쉿, 아기가 발로 차네요. 우리가 싸우는 걸 아나 봐요."

그러면서 나를 쓰다듬어 주었어요. 부드러운 손길이 느껴지

네요.

“어디, 나도 한 번 만져 보자.”

아빠가 내가 있는 곳을 톡 톡 톡 칩니다.

가만가만. 이건 뭐지? 나랑 놀자는 신호인가 봐. 그럼 나도 아빠랑 잠깐만 놀아야지. 나도 같은 곳을 발로 세 번 톡 톡 톡 쳤어요.

“어머, 얘 좀 봐. 당신이 두드렸던 곳을 차기 시작했어.”

까르르르. 엄마가 아이처럼 웃었어요. 나도 덩달아 기분이 좋아졌어요.

“나 이제 출근해야 해. 그 얘긴 저녁 때 다시 해.”

아빠는 회사에 출근했어요. 엄마는 털썩 소파에 앉았어요.

내 키는 25센티미터, 몸무게는 300그램. 정말 작지요? 쌍꺼풀은 없지만, 아주 큰 눈을 가지고 있어요. 머리카락도 조금씩 나기 시작했어요.

으응? 새근새근 숨소리가 들리는 걸 보니 엄마가 잠들었나 봐요. 그럼 나도 자야지.

딩동딩동. 초인종 소리에 잠이 깼어요.

아휴, 졸려. 엄마가 소파에서 벌떡 일어났어요.

아야! 조심해 주세요, 엄마.

"누구세요?"

"나야. 자고 있었어?"

앞집에 사는 경식이 엄마예요. 하루가 멀다 하고 우리 집에 놀러 와요. 개구쟁이 경식이도 엄마를 따라 쪼르르 들어와요.

"어떻게 하기로 했어? 아빠랑 의논해 봤어?"

"아까도 얘기하다 싸움만 했어. 정말 어떻게 해야 할지 모르겠어. 그이가 장남이라 집에서는 기대가 큰데……. 애는 하루가 다르게 커 가고."

"아유, 정말 어쩜 좋으냐. 그렇지만 미경 씨가 마음 단단히 먹었으면 좋겠어. 딸이라고 환영 못 받는 건 옛날 말이야. 낳아 놓으면 더 예쁘고 귀엽대."

엄마 눈에 방울방울 눈물이 맺혔어요. 나도 슬퍼졌어요. 도대체 무슨 일이 있는 걸까요?

"애는 잘 놀지?"

"요새 부쩍 많이 움직이는걸."

"다 자길 알아 달라는 거야. 5개월이면 벌써 다 컸는데."

경식이 엄마가 가니 집안엔 다시 평화가 찾아왔어요. 엄마는 내내 아주 조용했어요.

내가 있는 곳은 아주 따뜻하고 물이 많아요. 나는 타고난 수

영 선수예요. 물 먹을까 봐 겁내지 않아요. 이 곳은 아주 아늑하고 편안하답니다.

어느 새 손톱과 발톱이 생겼어요.

"아가야, 뭐 하니? 쉴 새 없이 움직이는 걸 보니 넌 개구쟁이인 모양이구나."

엄마가 처음으로 나에게 말을 걸어 왔어요.

아니에요, 엄마. 난 그냥 호기심이 많을 뿐이에요. 엄마가 일어나 아빠에게 전화를 합니다.

"나예요, 여보. 나 우리 아기 잘 키울 자신 있어요. 씩씩하고 멋진 딸로 키울 거예요."

"큰 결심해 줘서 고마워. 나도 사실은 우리 아기가 너무너무 보고 싶거든."

나는 아직 세상을 본 일이 없습니다. 햇살이 얼마나 눈부신지, 나무들이 푸른지, 눈이 정말 하얀지 직접 본 적은 없습니다. 그렇지만 얼마 지나지 않아 나는 푸른 소나무가 햇살을 받아 반짝이는 풍경을 볼 수 있을 거예요. 엄마가 오늘 읽어 준 그림책에서처럼.

엄마는 오늘 바삐 다녔어요. 그래서인지 하품이 저절로 나네요. 눈이 스르르 감겨요.

엄마 아빠! 나도 세상에 나가고 싶어요

눈치 빠른 친구들은 아기 엄마가 무엇 때문에 고민했는지 벌써 짐작했을 거예요. 엄마는 뱃속의 아이를 낳을까 말까 갈등하고 있었어요. 정말 일어나서는 안 되는 일이지만, 뱃속의 아이를 없애는 일도 있지요. 결혼하지 않았다거나 경제적 어려움 때문에 이런 일을 벌여요. 그러나 뱃속의 아기는 4개월이면 모든 것을 다 듣고 있어요. 아마 아기는 뱃속에서 이렇게 말할 거예요. "엄마, 아빠! 나도 세상에 태어나고 싶어요."

아기를 많이 낳으면 장려금을 듬뿍

옛날에는 한 집에서 서너 명의 아이를 낳는 것이 흔했어요. 하지만 지금은 보통 한 집에 하나 둘만 낳아요. 아기를 낳지 않는 가정도 많아질 거라네요. 맞벌이를 하는 처지에 자녀 하나도 키우기 힘들다는 거예요. 그래서 새로 태어나는 아기들이 자꾸자꾸 줄고 있어요. 이렇게 되면 나중엔 할아버지 할머니가 많고, 아기나 젊은이들은 적어진대요. 자라나는 새싹들이 부족하다면 우리나라의 미래는 누가 짊어질까요? 그래서 나라에서는 아기를 많이 낳는 집에 돈과 선물을 주고, 키우는 데도 도움을 주고 있어요.

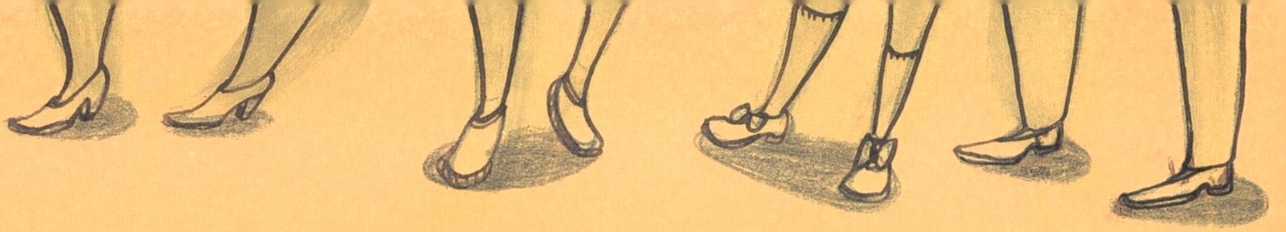

아들은 YeS, 딸은 No?

"씩씩한 아이네요."

"엄마 닮아 예쁘겠네요."

아기 낳기를 도와주는 의사 선생님들이 아기 엄마에게 슬쩍 귀띔해 주는 말이래요. 뱃속의 아이가 딸인지, 아들인지 넌지시 알려 주는 거지요. 그런데 문제는 이때부터 시작돼요. 아들은 저 넓은 세상 밖으로, 딸은 눈물을 머금으며 하늘나라로. 남자 아이를 더 귀하게 여기는 생각이 지금까지도 남아 있기 때문이에요. 얼마 뒤면 남자가 일곱 명이면 여자가 한 명 정도 될 거래요. 그럼 남자들끼리 치고 박고 싸움이 나지 않을까요? 그런데도 아들을 원하는 사람들은 줄어들지 않는가 봐요. 그러나 남자들로 넘쳐 나는 세상에서 그 아들들의 삶은 과연 행복할까요?

6. 우리에게는 힘이 있어요

우리들의 일그러진 영웅

"김은우, 그 게임 CD 가져 왔냐?"

"오늘 아침에 아빠가 가져 가시는 바람에……."

"그래서 못 가져 왔다는 거냐?"

현태가 눈을 부라렸어요. 현태는 은우보다 머리 하나는 더 크고, 덩치도 우람해서 정말 무서웠지요.

어제 은우가 친구들에게 새 게임 CD를 자랑한 게 화를 불렀어요. 마침 그때 현태가 그 옆을 지나가고 있었거든요.

"야, 그게 뭐냐? 새로 나온 게임이야?"

은우는 난처했지만, 그 누가 현태를 당하겠어요?

"어디 한 번 보자."

아니나 다를까, 현태가 이렇게 말했어요. 은우는 넙죽 바칠 수밖에 없었지요.

"야아, 이거 근사한데. 나 좀 빌려 주라."

말만 빌린다는 것이지 자기가 가진다는 말이었지요.

"오늘은 안 돼. 아빠 걸 몰래 들고 나왔거든."

"좋아, 그럼 내일 가져 와. 내일이야. 명심해."

현태가 험상궂은 표정으로 말했어요.

그게 바로 어제 일이었어요. 현태는 덩치도 크고, 주먹도 얼마나 잘 쓰는지요. 성격도 포악해서 윽박지르거나 겁을 줘서 제 말을 듣게 만들어요. 힘이 약한 친구들은 현태에게 돈이나 값진 물건을 빼앗기는 일도 정말 많았어요.

"김은우, 너 일부러 안 가져 온 거지?"

다음날, 현태의 졸개인 경민이가 은우의 멱살을 잡았어요. 그러자 은우의 얼굴이 새파랗게 질렸어요. 정말 애처로운 모습이었지요. 그때였어요.

"그만둬! 둘이 한 사람을 괴롭히다니, 너무 비겁한 거 아냐?"

우리 반 회장인 소영이었어요.

'저러다 소영이까지 다치면 어떡하지?'

아이들은 모두 숨죽인 채 보고만 있었어요. 은우의 처지가 안타까웠지만, 섣불리 나섰다간 자기도 다칠까 봐 두려워서 자리에 앉은 채 발만 동동 구를 뿐이었지요. 게다가 은우를 두둔하고 나선 소영이까지 한 대 맞을까 봐 교실 안은 말 그대로 위기일발이었어요.

"이소영, 네가 낄 자리가 아니잖아?"

눈을 부라리며 경민이가 위협했어요.

"난 우리 반 회장이니까, 담임 선생님께서 안 계실 때 우리 반에서 일어나는 일은 내 책임이야. 그리고 정현태, 그 CD는 네 물건이 아니잖아? 빌려 달라는 거야, 빼앗겠다는 거야?"

맙소사! 소영이가 선전포고를 했어요. 겁도 없이 현태에게 말이에

요. 무슨 나쁜 일이 일어나지 않을까 다들 불안에 떨었지요.

"소영이 말이 맞아. 그건 은우 물건이잖아! 싫다는 걸 억지로 달라는 건 무슨 심보냐?"

이번엔 예린이가 나섰어요.

"맞아. 현태 잘못이야."

반 아이들 몇몇이 입을 모아 이렇게 외쳤어요. 화가 나서 부르르 떨던 현태는 자기를 쏘아보는 아이들의 눈빛에 움찔하더니 분에 못 이겨 자리를 박차고 뛰어 나갔어요. 모두 깜짝 놀랐지요.

"너희들, 이제 큰일 났다. 내일 현태가 학교에 오면 어떻게 되는지 알지?"

현태가 사라지자 경민이가 아이들에게 겁을 주었어요.

반 아이들은 현태가 사라지고 나서도 걱정이 태산 같았어요. 심지어 은우 탓을 하는 아이도 있었지요. 그때 소영이가 다시 나섰어요.

"모두 그만해. 이건 은우 잘못이 아니야. 너희도 잘 알잖아? 우리

는 그 동안 현태의 잘못된 행동을 모두 참아 왔어. 하지만 더 이상 이렇게 지낼 수는 없어. 난 회장으로서 너희에게 묻겠어. 계속 이렇게 지낼 건지, 바꿀 것인지."

소영이 말에 아이들이 눈을 동그랗게 떴어요. 그 동안 생각해 보지 못했던 일이거든요.

"우리가 힘을 합치면 무엇이든 바꿀 수 있어. 현태는 혼자지만, 우린 스물아홉 명이나 되잖아. 어때? 다같이 해보겠어?"

잠시 교실에 침묵이 흘렀어요. 그때 누군가가 박수를 치기 시작했어요. 곧이어 박수 소리가 커지면서 교실이 쩌렁쩌렁 울렸어요. 불안한지 경민이가 슬그머니 교실을 빠져 나갔어요. 그러나 아무도 알아차리지 못했어요.

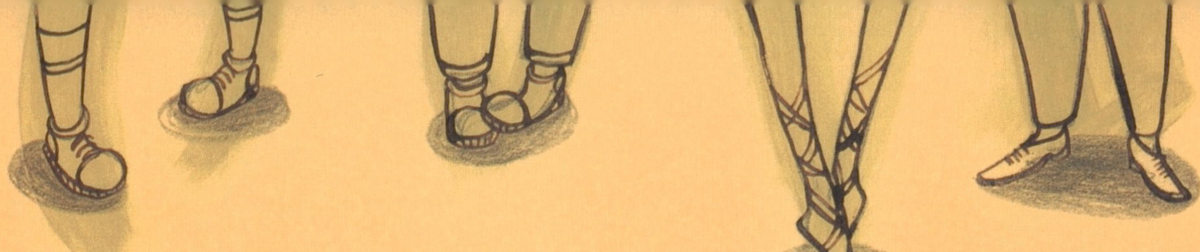

모두 힘을 모으면 못 할 게 없지

반 아이들 모두 현태에게 괴롭힘을 당하고 있었어요. 힘이 세고 난폭해서 당해 내기 힘들었지요. 그렇다고 내내 시달리고 살 수만은 없겠지요. 모두 두려움에 떨고만 있다면 현태의 폭력에서 벗어날 수 없을 거예요. 그럴 때 바로 용기가 필요하지요. 소영이가 현태의 잘못을 말하고, 아이들에게 힘을 모으자고 얘기한 것처럼 말이에요. 아마도 이 반은 똘똘 뭉쳐 현태의 그릇된 행동을 억누르는 방법을 찾아내지 않았을까요? 그렇다면 좋은 방법은 무엇일까요? 반 아이들이 힘을 합쳐 현태를 혼내 주고, 선생님이나 부모님의 힘을 빌려 현태의 행동을 고치도록 하는 것은 어떨까요? 나쁜 일을 보고 옳지 않다고 말하는 것, 진정한 용기의 시작이지요.

폭력은 또 다른 폭력을 낳아요

맞아 본 사람이 또 다른 사람을 때린다는 연구 결과가 있어요. 말 그대로 폭력을 그대로 배우게 된다는 것이지요. 그렇다면 도미노처럼 끝없이 이어지는 폭력을 막기 위해서는 어떻게 해야 할까요? 제일 먼저, 늘 주먹을 휘두르는 사람을 변화시켜야 하지요. 이것은 끊

임없는 교육과 상담을 통해 바꿀 수 있답니다. 또 맞는 사람이 없어져야 합니다. 그래야 또 다른 폭력이 생기지 않겠지요. 그러려면 우리 모두의 관심이 필요해요. 모두 나서서 폭력을 막고, 없애려고 노력해야 하지요. 또 현태처럼 주먹부터 앞세우는 사람들이 잘못을 깨닫고 고칠 수 있도록 도와주어야 합니다.

나의 힘을 키워요

"나는 너무 작고 약해요, 그 친구는 힘도 세고 키도 큰 걸요."

그런 말로 나를 변명하고 있지는 않은가요? 내가 작고 나약하다면 약점을 고치기 위해 노력해야죠. 운동도 하고, 밥도 열심히 먹어야죠. 하지만 더 중요한 건 자신감과 마음의 힘을 키우는 일이에요. 나를 아끼고 사랑하면 누구든 함부로 대하지 못할 거예요. 또 나를 괴롭히는 사람에게는 굴복하지 않겠다는 굳은 마음을 보여 주세요. 매섭게 노려보며 당당하게 행동한다면 누구든 움츠러들 거예요. 그래도 안 될 땐 친구, 부모, 선생님의 도움을 받을 수 있도록 해야 해요.

7. 친구를 괴롭히는 것은 비겁해요

전학생의 비밀

오늘 우리 반에 전학생이 온대요. 전학은 흔한 일이지요. 그런데 왜 이리 떠들썩한 걸까요? 전학생의 비밀을 물고 온 아이는 바로 수다쟁이 진희입니다.

"너, 소문 들었어?"

"무슨 소문?"

"오늘 오는 전학생이 먼저 다니던 학교에서 '짱' 이었대."

진희의 말에 떠들썩하던 교실이 갑자기 조용해졌습니다.

"정말? 어떻게 알았어?"

"이야, 무시무시한데?"

다들 궁금해서 진희 쪽을 돌아봤습니다. 몇몇은 아예 진희 옆으로 몰려들었어요.

"내 정보통에 따르면, 먼저 다니던 학교에서 말썽을 많이 피워서 우리 학교로 보낸 거래. 경찰서에도 벌써 여러 번 드나

들었다는 거야."

"어머, 그런 애가 오면 무섭지 않을까?"

얌전이 수아의 말에 진희가 눈을 흘겼어요.

"헤헤, 우리 반을 전학생에게 고스란히 넘겨 줄 순 없지. 내게 맡겨. 다 방법이 있으니까."

개구쟁이 현민이가 큰소리를 쳤습니다.

"무슨 방법?"

진희가 물었어요.

"우리 학교가 만만치 않다는 걸 알려 줘야지."

"어떻게?"

"오자마자 밖으로 불러 내서 잘 지내자고 타일러야지."

"그러다가 맞으려고?"

진희 말에 현민이가 발끈했습니다.

"무슨 소리! 내가 왜 맞아? 좋아, 그럼 우혁이랑 남자 아이들한테 말해서 합동 작전을 펴는 거야. 말썽 부리지 못하게."

그 말에 아이들이 고개를 끄덕였습니다. 신이 난 현민이는 손으로 'V' 자까지 그려 보였습니다.

드디어 전학생이 교실에 나타났습니다.

그런데 이게 어떻게 된 걸까요? 전학 온 아이는 소문과는 달리 얌전하고 착해 보입니다. 뽀얗게 하얀 얼굴에 은테 안경, 말썽과는 거리가 있어 보였습니다.

"오늘 전학 온 김치수야. 낯설지 않게 너희들이 잘해 줘야 한다. 알았지?"

선생님이 신신당부를 합니다. 치수 자리는 현민이 옆. 현민이가 아까 일을 잊지 말라는 듯 다시 아이들을 향해 'V' 자를 그렸습니다.

쉬는 시간이 되자 전학생 치수 주위로 아이들이 몰려 들었습니다.

"너, 어느 학교에서 전학 왔어?"

"갑자기 전학 온 이유가 뭐야?"

"집은 어디야?"

아이들은 싸움이라도 걸듯이 다그치며 물었습니다. 그런데도 전학생 치수는 별반 대답 없이 씩 웃기만 했습니다.

"전학생! 왜 아무 대답도 하지 않니? 너 말할 줄 몰라?"

우혁이가 큰 소리로 시비를 걸었어요. 그런데도 돌아오는 대답은 웃음뿐이었습니다.

"지금 우릴 무시하는 거냐?"

우혁이는 화가 나는지 주먹다짐이라도 할 모양입니다.

"너 밖으로 따라 와."

흥분한 현민이가 치수의 멱살을 잡고 끌어당겼습니다. 그런데도 전학생은 슬그머니 웃었어요. 그렇지만 그 웃음은 아이들을 더 화나게 할 뿐이었지요. 당장이라도 무슨 일이 벌어질 것 같았어요. 마침 그때 선생님이 들어와서 다행히 아무 일도 생

기지 않았습니다.

그러나 그 일로 전학생에 대한 새로운 소문이 퍼지게 되었어요. 소문은 꼬리에 꼬리를 물고 이어졌습니다. 사실은 치수가 학교를 주름잡았던 주먹이 아니라 학교에서 왕따를 당한 학생이었다는 것이지요. 그래서 말도 못 하고 바보처럼 웃기만 하는 거라고요.

반 아이들은 드러내 놓고 치수를 무시했습니다. 누구도 말을 걸거나 친해지려고 하지 않았습니다. 차츰 치수는 소문처럼 '왕따'가 되어 가고 있었지요.

어느 날, 전교생이 모인 조회 시간이었습니다. 교장 선생님은 "우리 학교를 빛낸 자랑스러운 학생이 있다."며 한 아이에게 칭찬을 아끼지 않았습니다. 전국 글짓기 대회에 나가 1등상을 받고, 얼마 전에는 시인으로 등단한

'꼬마 시인' 이 있다는 것이었어요. 학교의 이름을 빛낸 그 학생에게 '모범상' 을 주기 위해 마련된 조회라면서요. 드디어 그 학생의 이름이 불렸습니다.

"5학년 3반, 김치수!"

불쌍한 '왕따' 전학생 치수의 비밀이 밝혀지는 순간이었습니다. 우리는 놀란 입을 다물지 못한 채 손뼉을 칠 뿐이었지요.

내 곁에도 마녀가 있나요?

유럽에서는 중세 시대에 독버섯처럼 '마녀 사냥'이 퍼졌어요. 사람들은 여러 해 동안 계속되는 흉년과 페스트 같은 전염병이 마녀 때문이라고 생각했어요. 마녀가 악마를 끌어 들여 사람들을 괴롭히는 거라고요. 그 때문에 사람들은 마녀를 잡겠다며 온 동네를 들쑤시고 다녔어요. 마녀로 몰린 사람은 모진 고문 끝에 '악마를 모신다.'는 거짓 자백을 하고 화형을 당했어요.

치수는 '우리가 만든 마녀'가 아니었을까요? 아이들이 지어 낸 거짓말로 인해 '왕따'를 당하게 된 친구니까요. 혹시 알게 모르게 우리도 주변 친구들을 '마녀'로 만들지는 않았는지 생각해 볼까요?

'남이 하니까 나도 할 거야' 병이 떠돌아요

인터넷이 만들어 낸 나쁜 유행병 중의 하나가 바로 '남이 하니 나도 할 거야(집단주의)' 병이에요. 사실인지 아닌지 확인해 보지도 않고서 얘기만 듣고는 우르르 몰려가 온갖 비난을 퍼붓지요. 이 같은 피해를 입은 사람은 크나큰 마음의 상처를 입어요. 결국 사실이 아니었던 것으로 밝혀져도 누구 하나 책임지지 않아요. 악성 댓글로

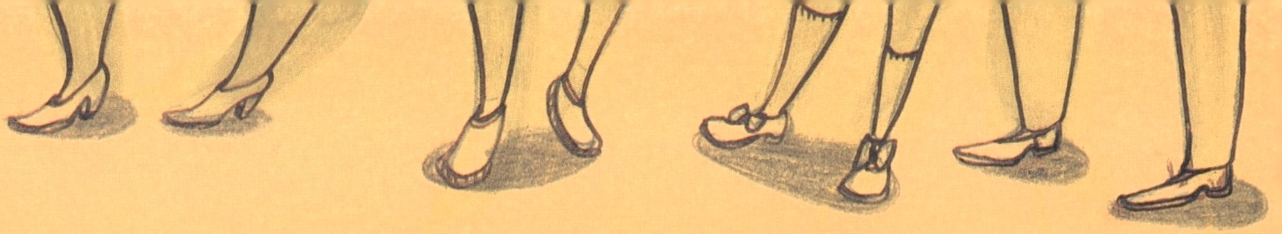

상처받은 사람들이 스스로 목숨을 끊는 일도 벌어져요. 무슨 말이나 행동을 할 때에는 생각을 거듭해야 해요. 무심코 던진 돌에 개구리가 맞아 죽듯이, 무심코 던진 말에 누군가가 괴로워할 수 있다는 걸 명심하세요.

약자에겐 강하고, 강자에겐 약하고

집단따돌림(왕따)을 많이 당하는 아이는 누구일까요? 몸이 약한 아이, 행동이나 생각이 느린 아이, 겉모습이 다른 아이, 가난한 아이 등이 왕따를 많이 당하는 걸로 조사됐어요. 그런데 그 결과를 보면 참 이상하죠? 감싸 주고 보살펴 줘야 할 친구들이 오히려 따돌림 당하니까요. 우리 안에 그릇된 생각이 자리 잡고 있는 건 아닐까요? 나보다 약한 사람에게 강하고, 나보다 강한 사람에게는 약한 것 아닌가요? 그건 가장 비겁한 행동이에요. 정말 강하고 당당한 사람이라면 힘으로 누르려는 사람에겐 강하고, 약자에겐 따뜻해야 하지 않을까요?

8. 그른 일에 당당하게 맞서요

우리는 돼지가 아니다!

오늘은 '극기 훈련 캠프' 가는 날.

푸름이는 마음이 설렙니다. 난생 처음 가는 이색적인 캠프였거든요. 약속 장소에는 반 친구 정수도 나와 있었습니다.

"푸름아, 벌써 나왔구나. 넌 뭐 싸 왔어?"

그러면서 정수는 자기 배낭을 보여 주었습니다. 배낭 속에는 맛있는 간식이며 음료수가 가득했지요.

"우와, 김밥까지! 이런 건 왜 싸 왔어? 다 줄 텐데?"

"엄마가 배고플 때 먹으라고 싸 주신 거야."

그때, 갑자기 요란한 호루라기 소리가 났어요. '조교' 라는 글자가 박힌 빨간 모자를 쓴 아저씨들 서넛이 나타났습니다.

"엉망진창이구만."

"빨리 줄 맞춰서 선다. 제대로 못 하면 기합이닷!"

"다 됐나? 동작이 느리다!"

아이들은 고함 소리에 놀라 줄을 서긴 했지만, 뱀이 기어 가는 것처럼 들쭉날쭉 엉망이었어요.

"몇 살인데 아직도 줄 하나 제대로 못 서나!"

조교들은 옆구리에 몽둥이를 차고 있었습니다. 유난히 얼굴이 까만 조교 한 명이 확성기를 입에 대고 말했습니다.

"나는 3박 4일 동안 너희를 책임질 훈련 대장 김선일이다. 여기는 극기 훈련 캠프다. 따라서 극기가 무엇인지 확실히 배워 갈 것이다. 몰래 과자 먹는 놈, 아프다고 엄살 부리는 놈, 배고프다고 불평하는 놈은 기합을 받을 것이다. 알겠나?"

훈련 대장은 확성기에 대고 고래고래 소리를 질렀습니다. 그 바람에 아이들은 완전히 주눅이 들어 버리고 말았습니다.

극기 훈련 캠프 이틀째.

한낮의 땡볕 아래 진흙탕을 구르는 훈련은 정말 싫었지만, 조교들이 무서워 불평 한 마디 못했습니다.

식사도 형편없었습니다. 식사라는 것이 고작 다 식어 버린 지 오래된 밥에다가 시어 빠진 김치 몇 조각, 건더기 없는 맹탕 국물뿐이었어요. 배가 몹시 고픈데도 잘 넘어가지 않았습니다. 정수는 아예 손도 대지 않았습니다.

"정수야, 어서 먹어. 나중에 배고프면 어쩌려고?"

"넌 이게 맛있냐?"

"배고파서 먹는 거지!"

"난 도저히 못 참겠다. 극기 훈련도 싫지만, 밥은 더 심해. 이게 사람 밥이냐? 개밥도 이것보단 낫겠다."

정수의 목소리는 낮았지만, 단단히 화가 나 있었습니다. 푸름이도 숟가락을 놓았습니다. 입 안의 밥알이 모래알처럼 느껴졌거든요.

그 날 밤, 푸름이는 부스럭 소리에 놀

라 잠을 깼습니다. 그런데 정수가 무언가를 먹고 있는 것이 보였어요.

"정수야, 너 그러다가 들키면 큰일 나."

"쉿, 너도 먹을래?"

그러면서 정수는 과자를 내밀었습니다. 너무 놀라고 무서워 처음에는 싫다고 했지만, 맛있는 간식의 유혹을 이길 수는 없었지요.

그때 문이 열리고 훈련 대장과 조교 한 명이 들어왔습니다.

"동작 그만!"

우리는 너무 놀라 그대로 얼어 붙고 말았습니다. '규칙 위반'이라는 이유로 몇 시간 동안 기합을 받아야 했습니다.

극기 훈련 캠프 사흘째는 행군 훈련이 있는 날입니다. 무거운 배낭을 지고 빠른 걸음으로 행군을 해야 했기에 모두 힘에 겨워 헉헉거렸습니다. 정수와 푸름이도 힘들기는 마찬가지였습니다. 기합을 받은 데다 행군까지 하는 거니까요.

미운털이 박힌 두 사람은 훈련 대장 아저씨의 감시의 눈길을 피할 수 없었습니다. 쓰러지는 아이들도 하나둘 생기기 시작했습니다. 둘은 이를 악물었습니다. 훈련 대장 아저씨가 미웠기 때문에 절대로 쓰러지고 싶지 않았지요.

행군 뒤 식사 시간.

식판을 받아 든 아이들의 얼굴이 또다시 일그러졌습니다. 퉁퉁 불은 라면에 희멀건 김치 세 조각이 전부였거든요. 정수는 화가 치밀어 견딜 수가 없었습니다. 그래서 식판을 숟가락으로 두드리며 크게 외쳤습니다.

"우리는 돼지가 아니다! 우리에게 사람이 먹는 맛있는 밥을 달라!"

푸름이도 곧 같이 소리쳤습니다.

"우리는 돼지가 아니다! 맛있는 밥을 달라!"

조교들이 놀라 소리를 지르며 달려왔습니다. 그러나 아이들 소리는 점점 더 커져 갈 뿐이었습니다. 어느 새 극기 캠프에 참여한 친구들 모두가 동참하고 있었거든요.

잘못된 일도 무조건 따르라?

푸름이와 정수가 정말 많은 고생을 했군요. 군대에 가서 겪을 일을 미리 치렀네요. 극기 훈련 캠프가 군대의 실제 모습과 정말 많이 닮았네요. 어려움을 이겨내는 것과 잘못된 대접이나 모욕을 참는 것은 다르지요. 그러나 우리나라에서는 그 둘을 같은 것으로 착각하는 일이 많아요. 군대에서 몸에 밴 잘못된 생각과 행동이 그대로 사회에도 이어졌기 때문이에요. 게다가 약 30년 동안이나 군인들이 나라를 다스리면서 좋지 않은 군대 문화가 널리 퍼졌지요. '무조건 시키는 대로' 하라거나 '구타' 같은 행위가 그런 것들이에요. 그 밖에도 군대 문화가 우리 사회에 남긴 나쁜 영향들은 참 많아요. 어떤 것들이 그럴까요?

깡패가 멋있다는 생각은 착각

언제부터인가 우리 사회에는 깡패를 '의리의 사나이', '멋진 사나이' 라는 생각을 하는 분위기가 생겨났어요. 바로 TV와 영화의 힘이지요. 그런데 깡패는 정말 멋진 사람일까요? 깡패가 멋있게 보이는 것은, 영화나 드라마에서 멋지게 포장해 놓았기 때문이에요. 그러나

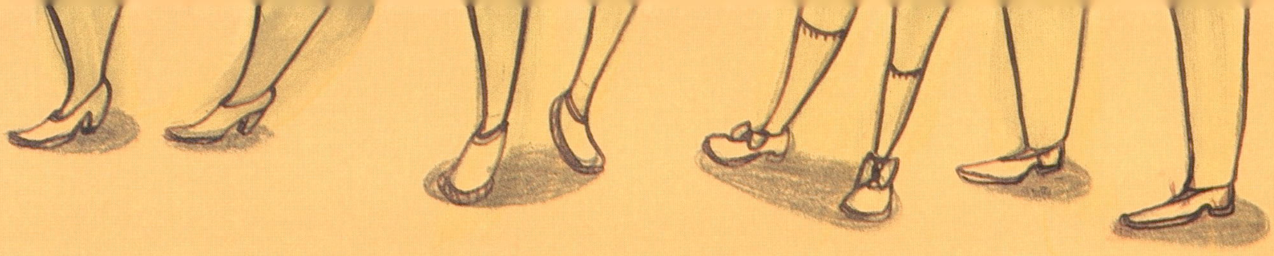

슬쩍 그 포장을 벗겨 보면 깡패의 '추악한 진실'이 드러나지요. 내가 살기 위해 친구도 죽이는 게 바로 그들이에요. 어디 그뿐인가요? 강도, 사기, 협박, 살인, 인신 매매 등 모든 범죄를 저지르지요. 요즘에는 고리대금업 같은 사채와 기업 사냥에까지 뛰어들고 있어요. 이것이 바로 깡패의 본모습이에요. 이제 깡패를 멋지게 그려 낸 드라마나 영화에 속지 마세요.

누구든 사람답게 살아야 해

사람답게 살아가려면 무엇이 필요할까요? 가장 먼저 먹고 자고 입는 것을 할 수 있어야겠지요. 또 나를 때리거나 괴롭히는 사람에게서 벗어나 보호받을 수 있어야 하고요. 사람답게 살기 위해서는 교육을 받아야 하고, 내가 믿고 싶은 종교를 가질 수 있어야 해요. 옆집 철수가 싫다면 다른 곳으로 이사 갈 수 있어야 하고요. 남이 억지로 시키는 대로 따르는 게 아니라 자기가 하고 싶은 일을 하는 것도 필요하죠. 이렇게 자기 의지에 따라 누릴 수 있는 권리를 '인권(인간이 누려야 하는 권리 또는 혜택)'이라고 해요.

9. 공부하는 기계는 싫어요

영웅이의 하루

영웅이는 학원 시간에 늦을까 봐 부리나케 교문으로 내달렸습니다. 그 곳에는 엄마가 기다리고 있었습니다.

"왜 이렇게 늦었어?"

시계를 보고 있던 엄마는 잔뜩 화난 표정으로 운전석에 올랐고, 잔뜩 풀이 죽은 영웅이도 조수석에 탔지요.

"특목고 반엔 아무나 못 들어가. 영어 수학 실력은 기본이고 다른 과목들도 잘해야 해. 이렇게 시간을 낭비하다가는 좋은 대학은 꿈도 못 꿔. 그럼 끝장이야!"

"엄마, 청소 때문에……. 저 혼자 빠져 나올 수도 없고……."

영웅이가 변명조로 웅얼거렸습니다.

"너, 그 말투 고치라고 했지? 그렇게 매사에 자신감이 없어서야, 원."

엄마가 영웅이를 학원 앞에 내려 주었습니다. 출발하는 차의

뒤꽁무니를 쳐다보던 영웅이는 오늘 가야 할 학원 스케줄 표를 멍하니 들여다보았습니다.

2시 영어 학원, 4시 수학 학원, 5시 피아노 학원, 6시 반 태권도 학원…….

영웅이는 11살, 초등학교 4학년이에요. 오늘도 어김없이 무척 바쁩니다. 학교 수업이 끝나면 곧바로 학원으로 가야 합니다. 어마어마한 경쟁을 뚫고 들어간 외고 반엔 영웅이보다 훨씬 뛰어난 친구들이 우글우글합니다.

동네에서 영어 천재로 이름을 날렸건만, 영어 학원에 와 보니 '고양이 앞에 쥐', '우물 안 개구리' 신세입니다. 우리말은 서툴러도 영어는 우리말처럼 쓰는 아이들이 수두룩했지요. 어려서부터 외국에서 자랐거나 외국을 제 집 드나들듯하는 아이들이었어요. 방학 때 한두 번 어학 연수를 갔다 온 영웅이로서는 기가 죽기 일쑤였지요.

특목고 반 수업이 끝난 뒤, 또 다른 영어 학원으로 향했습니다. 모자란 영어 실력을 보충하기 위해서입니다. 뱃속에선 전쟁이 일어난 듯 난리가 났습니다.

그렇지만 학원에 늦지 않으려면 간식 먹을 시간도 없습니다.

퓨터
영어논
태권도
피아

영어 학원으로 가는 길에 같은 반 친구 성준이를 만났습니다. 성준이는 동네 패스트푸드점으로 영웅이를 이끌었어요.

"바로 가지 않으면 학원에 늦을 텐데……."

"빨리 먹고 뛰어가면 되잖아. 먹어야 기운이 나서 공부도 더 잘하지."

'에라, 모르겠다.'

영웅이는 못 이기는 척 성준이 뒤를 따랐습니다.

"넌 학원 어디 다녀?"

"난 영어 학원하고 수학 학습지."

성준이는 햄버거를 크게 한 입 베어 물며 말했어요.

"또 다른 덴?"

"없어. 전에는 태권도를 했었는데, 나한테 맞지 않아서 그만뒀어."

영웅이는 성준이가 부러웠습니다. 하루에 다니는 학원만 해도 네다섯 개. 주말에도 수영, 승마, 한자, 컴퓨터……. 빡빡한 학원 일정표에 모든 걸 포기하고 싶을 때가 한두 번이 아니었습니다.

"지금 어디 가는 길이었어?"

"으응. 친구한테 게임 CD 빌리려고."

"좋겠다! 그런데 넌 엄마가 학원 더 다니라고 안 그래?"

"전에는 그랬는데 지금은 안 그래. 친구들하고 놀 시간이 생겨서 정말 좋아."

"와, 좋겠다!"

영웅이는 부러워서 감탄사만 연신 쏟아 냈습니다. 그때 휴대전화 벨이 울렸어요.

"영웅이 너 학원 안 가고 어디 있는 거야?"

이런! 엄마가 또 화가 단단히 났습니다. 전화를 끊은 영웅이 얼굴이 새파랗게 질렸지요.

“아, 난 엄마가 너무 무서워. 쪽지 시험에서 하나라도 틀리면 당장 야단난다고. 난 정말 이렇게 공부하는 거 싫은데. 나도 친구 집에도 놀러가고, 애들하고 놀이터에서 놀고 싶다고.”

억지로 하는 공부는 싫어요

이런! 영웅이가 다니는 학원이 너무 많네요. 숨이 턱턱 막힐 지경이겠어요. 이런 친구들 우리 주변에도 참 많지요? 영어, 수학, 과학, 미술, 피아노, 수영, 태권도 등등, 배울 것도 왜 이리 많은지요. 그러다간 얼마 못 가 지치고 말겠어요. 영웅이는 엄마가 무서워서 자기가 힘들다고, 가끔 친구들과 놀고 싶다는 말 한 마디 못 하네요. 그러나 무섭다고 피하기만 할 게 아니라 당당하게 자기 생각을 알려야겠죠? 엄마들도 여러분의 학원 일정표대로 딱 일주일만 공부해 보면 어떨까요? 아마 두 손 두 발 다 들지 않을까요?

공부에도 소질이 필요하다

거북이 토끼 날다람쥐에게 모두 같은 교육을 시키면 어떻게 될까요? 거북이에게 달리기를, 토끼에게 수영을, 날다람쥐에게 걷기를 시킨다면 얼마나 괴로울까요? 우리도 마찬가지예요. 달리기를 잘하는 친구, 그림을 잘 그리는 친구, 학교 공부를 유독 잘하는 친구가 다 따로 있어요. 그런데도 억지로 여러 가지를 시키고, 잘 못 한다고 꾸짖는다면 그 친구는 무척 괴롭고 힘들겠죠. 아인슈타인이나 에디슨

같은 과학자도 어릴 땐 공부 못 하는 아이였죠. 그렇지만 그것에 기죽지 않고 자기가 하고 싶은 일에 최선을 다해서 위대한 과학자가 된 거예요. 우리도 가장 좋아하고 잘할 수 있는 일을 찾아 열심히 노력해 보자고요.

은반을 누비는 피겨 요정

세계 최고 피겨 스케이팅 선수인 김연아 언니를 모르는 친구는 없을 거예요. 일곱 살 때 우연히 배우게 된 피겨 스케이팅에 남다른 소질을 보인 김연아. 만약 연아 언니의 엄마가 딸의 소질을 깔보고 무조건 공부만 잘하길 원했다면 어땠을까요? 우리는 세계적인 스타 한 명을 잃었겠지요? 피겨 스케이팅이 좋아 시작한 일이지만, 연아 언니에게도 많은 어려움이 있었어요. 수많은 시간 어려운 연습에만 매달리는 일이 좀 힘겨울까요? 그만두고 싶은 때도 많았지만, 늘 자신을 채찍질하면서 노력한 게 지금의 결과를 낳은 거예요.

우리 친구들은 어떤 소질을 갖고 있나요? 저마다 축구, 농구, 그림, 사진 등 정말 넓겠지요. 그러나 소질보다 중요한 건 그것을 잘해 내려는 노력과 끈기예요. 내게 정말 소중한 일이고 잘하려고 늘 애쓴다면 반대했던 부모님도 결국 돌아설 거예요.

10. 작지만, 크고 아름다운 용기

장길산은 왜 도적이 되었을까

"아아~."

"휴~우."

구경꾼들이 가슴을 쓸어 내렸어요. 길산은 저만치서 외줄타기를 하는 친구의 묘기를 바라보고 있었어요. 손에 땀을 쥐게 하는 아찔한 묘기를 펼칠 때마다 비명과 함성이 따랐어요.

구경꾼들이 다 돌아가고 길산 일행이 주막으로 발길을 옮길 때였습니다. 갓을 쓴 한 사내가 술에 취해 길산과 같이 있던 여자 아이를 껴안았어요. 길산의 아버지인 장충이 말렸지만, 그 사람은 도리어 장충을 떠밀며 큰소리쳤어요.

"어허, 천한 광대패 주제에 어디서 행패냐? 이깟 천한 계집을 희롱한들 누가 나를 말리겠느냐?"

이 말에 길산은 화가 머리끝까지 치밀고, 불끈 쥔 두 주먹이 부들부들 떨렸습니다. 그러나 장충이 말렸어요.

“아버지, 아까 왜 말리셨어요? 그런 놈을 그냥 둔단 말입니까?”

“그 놈을 두들겨 팬다고 뭐가 달라질 것 같으냐? 그 놈은 신복동이 패거리야. 저잣거리에서 신복동이 눈 밖에 나면 골치 아파져.”

길산은 분한 마음에 지그시 입술을 깨물었어요.

그 뒤에도 신복동 패거리의 행패는 그칠 날이 없었어요. 장사치들을 협박해 돈을 뜯어 내고, 빌린 돈을 제때 갚지 않으면 딸이나 아내를 데려다 첩으로 삼았지요. 그렇지만 관리들이 뒤를 봐주고 있었기 때문에 어찌할 도리가 없었지요.

길산은 직접 신복동을 혼내 주기로 마음먹었어요. 깊은 밤, 몰래 신복동의 집으로 숨어 들어 칼을 들이대자 신복동은 살려 달라고 빌었습니다.

“네가 힘없는 사람들을 괴롭힐 땐 그렇게 막무가내이더니, 비겁하게 목숨을 구걸하느냐? 네 놈은 죽어 마땅하다!”

그러나 길산은 곧 들이닥친 신복동의 부하들에게 붙잡혀 죽음을 기다리는 신세가 되었어요. 다행히도 친구들의 도움으로 옥에서 탈출했지요. 죽을 고비를 넘긴 길산은 무술과 지혜가 뛰어나다고 소문난 운주대사를 찾아갔어요. 그 앞에 넙죽 엎드

려 배움을 부탁했어요. 길산의 됨됨이를 한눈에 알아본 대사는 기꺼이 받아들였어요. 그 곳에서 길산은 무술과 글을 배웠지요. 시간은 아주 빠르게 흘러갔어요.

어느 날, 길산은 산에서 내려가기로 마음먹고 스승에게 작별을 고했어요.

"길산아, 세 가지만 명심하여라. 사람에게는 넓은 마음이 있어야 하고, 바른 정신이 있어야 하고, 도리가 있어야 하느니라. 그 세 가지가 있다면 널 따르는 자들이 늘어날 게야. 그렇다고 해서 함부로 힘을 쓰지 말거라."

운주대사는 그 말을 남기고 돌아섰어요. 길 떠나는 제자를 굳이 붙잡지 않았지요.

길산은 산에서 내려와 사람들을 모았어요. 모두들 천대받고 버림받은 사람들이었습니다. 한뜻으로 모여 새 세상을 만들겠다고 다짐했지요. 그리고 자신들을 '녹림당' 이라 불렀어요. '녹림당' 은 남의 재물을 가로채는 양반들을 혼내 주고, 그 재물을 빼앗아 가난한 사람들에게 나눠 주었어요.

그런 일이 계속되자 가난한 백성들은 길산을 '나랏님보다 더 고마운 사람' 으로 여겼지요. 하지만 관아에서는 어떻게든 잡아들이려고 기를 썼습니다.

어느 새 길산의 이름이 널리 알려져 그를 따르고 우러러보는 무리들이 속속 모여들었어요.

어느 날, 모여든 사람들에게 길산은 이렇게 말했습니다.

"사람은 누구나 다 똑같습니다. 양반이라고 해서 천민을 괴롭혀서는 안 됩니다. 그들은 빈둥빈둥 놀면서 우리가 애써서 키운 곡식과 가축을 빼앗아 가는 자들입니다. 백성들은 먹을 것이 없어서 죽어 가는 데도, 그들은 자기 배만 불리고 있습니다."

길산의 말에 함성이 터져 나왔습니다. 그 동안 겪었던 고통이 생각나서인지 눈시울을 붉히는 이들도 있었지요.

"우리는 그들로부터 빼앗는 것이 아닙니다. 그들이 우리에게서 빼앗아 간 것을 돌려받는 것입니다.

자, 여러분! 우리 손으로 백성이 잘 사는 나라를 만듭시다!"

사람들은 '장길산'을 외치고 또 외쳤습니다. 모두의 마음 가득 새 희망이 샘솟았습니다.

가난한 사람들의 친구, 장길산

장길산은 조선 숙종 때 실제 살았던 사람이에요. 춤과 노래를 부르고 곡예를 부리는 광대로, 천민 출신이었지요. 하지만 훗날 뜻을 같이하는 무리를 모아 황해도 일대에서 나쁜 관리를 혼내 주고 가난한 이들을 도와준 의로운 도적이 되었어요. 숙종 임금은 큰 상금을 걸고 장길산을 잡아들이려고 했지만, 끝내 잡을 수는 없었어요.

조선 시대에는 장길산 말고도 농민이나 천민이 일으킨 신분 해방 운동이 많았어요. 전봉준이 이끈 '동학농민혁명', 백정 출신 장지필이 중심이 된 '형평사운동' 등이 대표적이지요.

조선을 뒤흔든 3대 의로운 도적

백정이나 노비, 광대패 같은 천민들은 사람들의 업신여김을 받기 일쑤였지요. 어머니가 첩인 서얼 출신들도 벼슬자리에 못 나서는 것은 물론, 손가락질의 대상이었어요. 그런 사람들은 산으로 숨어들어 도적이 되는 일이 많았어요. 그런데 도적들 가운데서는 나쁜 관리들을 혼내 주고 가난한 사람들을 도와주는 의적들도 있었어요. 조선의 대표적인 3대 의적으로는 홍길동, 임꺽정, 장길산을 꼽아요. 오늘날

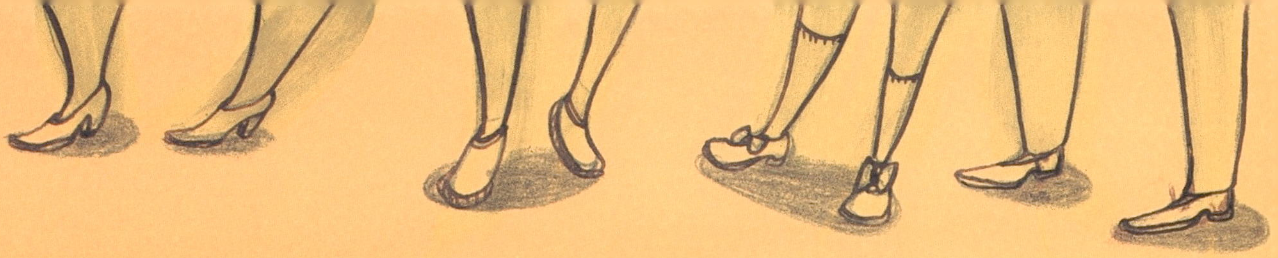

소설에서도 이들을 만날 수 있어요. 허균의 《홍길동전》, 홍명희의 《임꺽정》, 황석영의 《장길산》이 바로 그것이에요.

목숨 걸고 나쁜 대통령을 몰아낸 사람들

1960년 3월 15일, 이승만 전 대통령 때의 일이에요. 부통령 후보로 나선 이기붕은 자기가 뽑히지 않을 걸 알고 미리 손을 써두었어요. 투표 용지의 절반 가량을 미리 자기 표로 만들어 놓은 거지요. 그 사실을 알게 된 학생들과 시민들이 모여 "선거를 다시 하라."고 외쳤어요. 그러나 이기붕 패거리는 정치 깡패와 경찰들을 시켜 학생과 시민들을 때리고 마구 잡아들였어요. 그런데도 점점 더 많은 사람들이 거리로 나와 걷잡을 수 없게 되자, 경찰이 시민들을 향해 총을 쏴 수많은 사람들이 죽고 다쳤어요. 결국 학생과 시민들의 피를 부른 이승만 일당은 독재 권력을 내놓고 미국으로 도망가거나 죽음에 이르게 되었지요.

11. 세상을 바꾸는 작은 용기

소리 없는 저항

오늘도 간디는 물레를 돌려 옷감을 짰습니다. 뜨거운 햇볕이 내리쬐어 간디의 이마에는 방울방울 구슬땀이 맺혔지요. 그러나 피륙 한 필이 만들어질 때마다 인도의 독립에 훌쩍 다가가는 것 같아 마음은 뿌듯했습니다.

"간디 선생님, 왜 물레를 돌리세요?"

여덟아홉 살이나 되었을까요? 초롱초롱한 눈망울을 가진 남자 아이가 물었습니다.

"그래, 너는 왜 그러는 거 같으냐?"

간디는 대답 대신 아이에게 물었어요.

"음, 옷감을 짜려고요?"

"그렇단다. 그럼 이 옷은 누가 입는 줄 아니?"

"글쎄요? 부자 나라 영국의 나리가 입겠지요, 뭐."

아이의 대답에 간디는 마음이 아팠습니다. 자기 나라에서 구

박받고 설움당하는 인도 사람들!

그런데 영국인들은 남의 나라 땅에 와서 주인 행세를 하고 있습니다. 간디는 고개를 힘껏 가로저었습니다.

"아니란다, 애야. 이건 우리가 입을 옷이야. 영국 옷감 공장에서 만든 옷 대신 우리가 직접 만들어 우리나라 사람들이 입을 옷이란다."

아이는 놀란 눈을 동그랗게 떴습니다.

"우리가 직접 옷을 만들어 입으면, 영국 옷감 공장은 문을 닫게 될 거야. 그러면 인도 사람들이 힘이 있다는 걸 그들에게 보여 주는 거란다."

아이는 아리송한 얼굴로 고개를 끄덕였습니다. 그러고 보니 간디말고도 물레를 돌리는 사람들이 정말 많았습니다. 모두 간디의 뜻을 따르는, 인도의 독립을 바라는 사람들이었지요.

어느 날, 간디를 따르는 무리 가운데 한 사람이 물었어요.

"선생님, 우리나라가 독립하기 위해서는 영국에 맞서 힘을 보여 줘야 한다는 주장이 힘을 얻고 있습니다. 이에 대해 어떻게 생각하시는지요?"

간디는 물레를 돌리던 일손을 놓았습니다.

"예, 나도 압니다. 그런 주장이 힘을 얻고 있지요. 실제로 그

힘을 보여 주는 예도 아주 많았어요. 그런데 그 다음 어떤 일이 벌어지던가요?"

그 물음에 사내는 대답을 망설였지요.

"폭력이 더 큰 폭력을 부르지 않던가요? 힘을 보여 줄 때는 통쾌하지만, 그 일로 더 많은 사람들이 끌려가고, 다치고, 고통을 받았지요."

정말 그랬습니다. 영국의 관리 하나를 죽이면 줄줄이 많은 인도 사람들이 끌려가 고통을 받아야 했습니다. 영국 경찰서 하나를 불태워 없애면, 그 다음날로 여러 마을이 피해를 입었습니다. 영국 군대와 경찰들이 범인을 잡겠다며, 마을들을 쑥대밭으로 만들어 놓았거든요.

사람들은 모두 묵묵히 간디의 다음 말을 기다렸습니다.

"폭력에 폭력으로 맞서는 것은 아주 쉽습니다. 그러나 폭력을 쓰지 않으면서 맞서려면 더 큰 용기와 힘이 필요합니다. 우리는 오랜 시간 인도의 독립을 위해 수많은 일을 해

왔어요. 더 어렵고, 어쩜 더 힘든 일이지요. 가장 중요한 건 작은 일에 흔들리지 않고, 묵묵히 견디며 맞서는 것입니다. 지금 여러분처럼 말이지요."

하루하루 물레를 돌리고, 소금을 직접 만들어 먹지 못하게 하는 영국에 맞서기 위해 24일 동안 3백 킬로미터를 걸어서 바다에 도착했지요. 그 일로 간디와 몇몇 사람들이 감옥에 갇혔지만, 인도 사람들은 자유롭게 소금을 먹게 되었습니다. 영국이 만들어 놓은 잘못된 일에 맞서는 사람들의 굳건한 마음을 보여 준 것이지요.

감옥에 갇히고 고통을 당했지만, 간디와 그를 따르는 사람들이 벌인 일은 인도 사람들에게 자그마한 자유나마 하나씩 하나씩 돌려주고 있었습니다. 또 많은 나라 사람들은 간디가 보여 준 평화적 맞섬에 점점 마음이 움직이고 있었지요.

"우리가 하는 일은 작아 보이지만, 결코 작은 일이 아닙니다. 우리는 인도 사람들과 세계 사람들의 마음을 움직이고 있습니다. 힘에 힘으로 맞서면 모두 상처입기 마련입니다. 그러나 힘이 아닌, 굳건한 마음으로 흔들림 없이 맞서면, 결국 영국도 겁을 먹을 것입니다."

간디는 자기가 말한 것처럼 소리 없는 저항을 몸소 보여 주었습니다. 물레를 돌려 옷감을 짜고, 영국 반대 운동을 벌이고, 감옥에 갇히면 단식을 통해서 자신의 뜻을 세계에 보여 주었습니다.

영국인들은 점점 간디를 두려워하기 시작했습니다. 간디의 말 한 마디, 몸짓 하나하나가 인도 사람들에게 감명을 주었기 때문이지요. 간디의 뜻에 따라 살고 움직이는 사람들이 점점 늘어났습니다. 바로 영국에 반대하는 사람들이 나날이 늘어간 거예요.

남의 땅에서 주인 행세를 하네?

겨우 몇 십 년 전까지만 해도 힘으로 다른 나라를 빼앗고, 오히려 주인 행세를 하는 나라들이 많았어요. 우리나라를 집어 삼킨 일본이나 남아프리카공화국을 차지한 영국을 비롯한 수많은 나라가 남의 땅을 빼앗았어요. 인도도 마찬가지 신세였지요. 인도를 차지한 영국은 인도에 있는 좋은 것은 다 빼앗고도, 인도 사람들이 자유롭게 살지 못하게 괴롭혔어요. 영국에 반대하는 인도 사람들은 무조건 잡아들이거나 감옥에 가두었어요. 그러나 인도 사람들은 힘을 합쳐 영국에 맞섰고 결국 독립을 쟁취했지요.

마하트마, 위대한 영혼이란 이름

우리는 간디를 '마하트마'라고 불러요. 인도 말로 '위대한 영혼'이라는 뜻이에요. 간디는 남아프리카공화국에서 고통받는 인도인을 목격한 뒤 영국에 맞섰어요. 그렇기에 영국 사람들에게 미움을 받고 수차례 감옥에 갇혔지요. 그러나 그것 때문에 자신의 뜻을 꺾지는 않았어요. 오랜 시간 맞선 끝에 인도 사람들을 괴롭히는 법을 고칠 수 있었지요. 21년 만에 인도로 돌아와서도 간디는 인도의 독립을

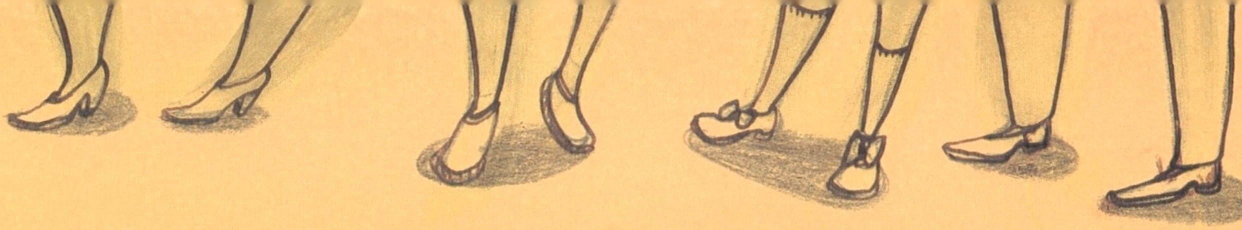

위해 힘을 모았어요. 세계 사람들이 간디를 우러러보는 이유는 바로 그거예요. 평생 인도 사람들과 인도의 독립을 위해 뜻을 굽히지 않고 맞선 점, 그리고 무력을 사용하지 않고 조용히 반대 운동을 펼쳤다는 점이지요.

우리나라의 간디, 백범 김구

인도에 간디가 있다면, 우리나라엔 백범 김구 선생이 있어요. 김구 선생은 우리나라를 빼앗은 일본에 맞선 독립 투쟁을 벌인 독립운동가이지요. 명성황후를 죽인 일본인 중위 쓰치다를 죽여 사형을 선고받았지만, 고종이 풀어줘 살아났어요. 그 뒤, 일제의 눈을 피해 몰래 중국으로 건너가 대한민국 임시정부를 앞장서 이끄는 등 일제에 맞서 줄기찬 독립 투쟁을 벌였어요. 이봉창 의사, 윤봉길 의사의 의거를 이끌기도 했지요. 1945년 8월 15일 나라가 독립한 뒤, 남북한으로 갈라지는 것을 막기 위해 노력한 점이 특히 간디와 비슷하지요. 간디 역시 인도가 종교에 따라 인도와 파키스탄, 두 나라로 갈라지는 걸 막으려다가 미움을 받아 죽임을 당했거든요.

12. 옳지 않은 일에 맞서는 용기

꿈을 가진 사람은 자유롭다

"나에게는 꿈이 있습니다. 흑인과 백인이 나란히 한 식탁에 앉고, 손을 맞잡고 다정하게 거니는 것입니다. 나에게는 꿈이 있습니다. 피부색으로 사람을 평가하지 않고, 인격으로 사람을 평가하는 나라에서 우리 아이들이 살게 되는 꿈입니다."

링컨 동상 앞에 선 마틴 루터 킹이 연설을 시작했습니다. 이 뜨거운 연설은 광장에 모인 수많은 사람들의 가슴을 울렸습니다. 사람들 눈에서는 끝없이 눈물이 흘러내렸지요.

1963년 8월 28일의 일입니다. 그 날은 바로 링컨이 흑인 노예 해방을 선언한 지 꼭 백 년 되는 날이었습니다.

백인들은 아프리카에서 흑인들을 마구 잡거나 사들여 미국으로 데려와 노예로 삼았습니다. 흑인도 사람인데, 백인들은 흑인을 소나 돼지 같은 가축처럼 취급하고, 상품처럼 거래했습니다. 그런 미국의 흑인들이 노예 신세에서 해방된 지도 백 년이 지났지만, 흑인들의 삶은 크게 달라지지 않았어요.

흑인이 사는 곳은 따로 정해져 있었습니다. 흑인은 백인을 사귈 수도 없었고, 제대로 교육받지도 못했어요. 마을에 나쁜 일이 벌어지면 흑인들을 체포해 가기 일쑤였습니다. 심지어 흑인들을 잡아다 죽여도 나라에서는 백인 편을 들었습니다.

"야, 이 검둥이야. 거긴 네 자리가 아니잖아!"

"당장 일어나지 못해?"

"백인들 자리에 감히 검둥이가 앉다니! 이거 원, 더러워서."

버스에서도 백인 자리와 흑인 자리가 나뉘어 있었습니다. 흑인 노동자인 '로자 파크스' 부인은 버스를 타고 밤늦게 퇴근하다가 너무 피곤해서 자리에 앉고 싶은 마음뿐이었지요. 마침 빈자리가 있어서 파크스 부인이 자리에 앉으려 하자, 버스 운전 기사와 백인들은 파크스 부인을 버스 밖으로 거칠게 끌어냈습니다. 그런 파크스 부인을 경찰이 체포해서 끌고 가기까지 했지요.

그 일은 흑인들의 아픈 마음에 불씨를 당겼습니다. 더 이상 참을 수가 없었던 거예요. 사람들은 마틴 루터 킹 목사에게 찾아왔습니다.

"목사님, 백인 경찰들이 로자 파크스 부인을 끌고 갔어요."

"버스에서 백인 자리에 앉았다는 이유 때문이지요."

"더 이상 못 참겠어요. 언제까지 이런 대접을 받아야 합니까?"

사람들의 눈이 이글이글 불타고 있었습니다.

목사로 일해 온 지 1년.

짧은 시간이었지만, 흑인들이 당하는 수모를 모르는 바 아니었지요. 젊은 목사 킹은 천천히 고개를 끄덕였어요.

"누군가 해야 하는 일이라면……."

킹 목사는 집회가 열리는 덱스터 침례 교회로 향했습니다. 그리고 연단에 올랐지요.

"지금 우리는 억압당하고 짓밟히는 데 지쳤습니다."

킹이 한 첫 마디였습니다.

"더 이상 당하고만 있을 수는 없습니다. 우리는 이제 힘을 뭉쳐야 합니다. 그것만이 우리가 살길입니다."

"옳소!"

"킹 목사를 지도자로!"

불을 토해 내듯 뜨거운 연설에 사람들이 열렬히 호응했습니다.

"그럼 어떻게 싸워야 합니까?"

"당장 백인 경찰서를 불 태워야 합니다."

"나쁜 백인들에게 뜨거운 맛을 보여 줘야 합니다."

흥분한 몇몇 사람들이 소리쳤습니다. 킹 목사는 고개를 가로저었어요.

"아닙니다. 우리는 힘 대신 지혜를 보여 줘야지요. '버스 안 타기 운동' 을 벌입시다!"

그 말에 사람들이 고개를 끄덕였습니다.

"좋은 생각이오. 흑인들이 모두 버스를 타지 않는다면 버스 회사는 문을 닫고 말 겁니다."

그때부터 앨라배마의 모든 흑인들은 버스를 타지 않았습니다. 비가 와서 길이 질퍽거려도, 한여름 땡볕이 쏟아져도 말이에요. '하루이틀 하다 말겠지.' 하며 코웃음 치던 버스 회사는 문을 닫을 지경에 이르게 됐어요. 결국 두 손 들고 항복을 외쳤

지요.

'백인 전용' 자리를 없앤 겁니다. 드디어 흑인들이 힘을 합쳐 값진 승리를 일구어 낸 거예요. 사람들은 기쁨에 들떠 환호성을 질렀어요. 그렇지만 그 사건은 시작에 지나지 않았습니다. 킹 목사와 흑인들은 작은 승리를 가슴에 안고 흑인을 차별하는 사람들과 미국 사회의 잘못된 법에 맞서 '위대한 투쟁'을 시작해 나갔거든요.

마틴 루터 킹, 노벨평화상을 받다

백인들만 앉는 자리를 만들었던 버스 회사가 결국 흑인들의 힘에 무릎 꿇었어요. 그러자 몇몇 백인들은 흑인 교회에 폭탄을 던지고, 몰래 흑인들을 잡아다 죽이기도 하는 등 나쁜 짓을 저질렀어요. 그럴수록 흑인들은 더 똘똘 뭉쳤어요. 폭력을 저지르는 백인에게 폭력으로 맞서는 흑인들도 있었지만, 킹 목사는 평화적인 방법으로 싸울 것을 부탁했어요. 흑인들은 힘을 합쳐 잘못을 하나하나 고쳐 나갔지요. 결국 흑인도 백인들과 같은 학교, 같은 가게, 같은 호텔에 갈 수 있는 평등한 법이 만들어졌어요. 그 일로 킹 목사는 서른다섯 살에 노벨평화상을 받았어요.

흑인들의 등불, 넬슨 만델라

오랜 세월 영국 백인들의 다스림을 받은 남아프리카공화국. 국민의 대부분은 흑인이었지만, 몇 안 되는 백인들이 나라를 차지하고, 흑인들을 못살게 괴롭혔어요. 좋은 땅, 좋은 옷, 좋은 음식은 모두 백인들 차지였지요. 원래 땅의 주인이었던 흑인들은 굶주림과 고된 일로 힘겹게 살아가고 있었어요. 그리고 백인들에 맞서는 흑인들은 잡아 가두거나 죽였어요. 만델라는 흑인들을 괴롭히지 말고, 나라를

원래 주인에게 돌려 달라며 맞섰어요. 그 때문에 만델라는 26년 동안 감옥에 갇혀 살아야 했지요. 결국 남아프리카공화국은 1994년 독립했고, 나중에 감옥에서 나온 만델라는 흑인으로는 처음으로 대통령이 되었어요.

백인이 다른 인종보다 더 뛰어나다고?

'백인들은 다른 씨보다 더 뛰어나다' 는 생각을 가진 사람들이 있어요. 백인이 가장 뛰어나고 황인이나 흑인은 뒤떨어진다고 보는 거지요. 히틀러는 백인인 '아리안족' 만 뛰어나고 유태인은 자기들 몫을 가로채는 나쁜 씨라고 주장했어요. 따라서 유태인을 죽이는 것이 옳은 일이라고 사람들을 꾀었어요. 그 같은 비뚤어진 생각은 지금도 세계 곳곳에서 고개를 들고 있어요. 백인의 나라에 온 흑인이나 황인을 혼내 주거나 죽이는 일이 벌어지고 있지요. 그런데 우리나라에도 그릇된 생각을 가진 사람들이 있어요. 백인은 떠받들고, 우리보다 못사는 나라에서 온 사람들은 하찮게 보는 것 말이지요. 과연 옳은 일인가요?